EL GRAN LIBRO DEL
MICROSCOPIO

Portada: Cabeza de un pulgón negro aumentada 200 veces.
Página 1: Hongo común aumentado 280 veces.
Páginas 2-3: Ala de mariposa aumentada 880 veces.

EL GRAN LIBRO DEL
MICROSCOPIO

Kirsteen Rogers
Redacción: Paul Dowswell
Diseño: Laura Fearn
Ilustraciones: Kim Lane, Gary Bines y Peter Bull

Colaboración diseño: Jane Rigby
Diseño de portada: Stephen Wright y John Russell
Asesores: Michael Reiss y Max Parsonage
Directora editorial: Judy Tatchell
Traducción: Antonio Navarro Gosálvez
Redacción en español: Pilar Dunster

ÍNDICE DE MATERIAS

Aviso importante

En este libro se incluyen experimentos para que practiques en casa con tu microscopio. Algunas de las sustancias y métodos que emplearás para llevarlos a cabo, podrían resultar peligrosos si no sigues exactamente las instrucciones.

⚠️ *¡Atención!*

Un símbolo como éste significa que debes tener muchísimo cuidado y pedir ayuda a una persona mayor.

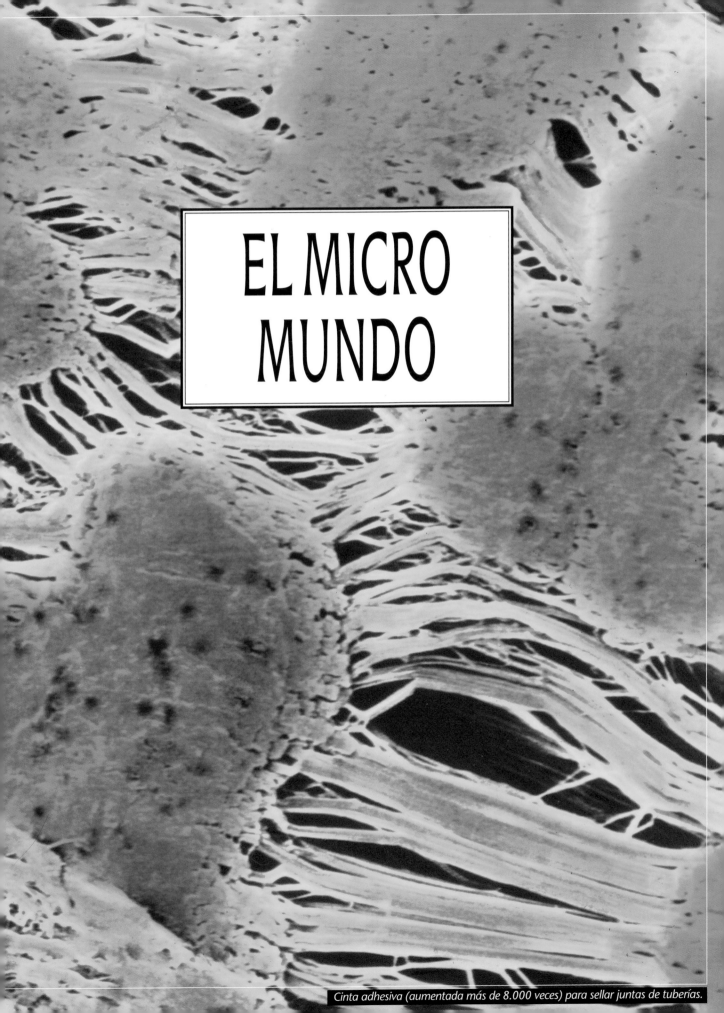

EL MICRO MUNDO

Cinta adhesiva (aumentada más de 8.000 veces) para sellar juntas de tuberías.

LA VIDA DE CERCA

Lo que vemos a simple vista suele presentar un aspecto muy distinto a través de un microscopio. Aquí ves algunas sorpresas y maravillas que el hombre jamás habría descubierto... si no se hubiera inventado el microscopio.

Grano de polen vegetal aumentado 1.100 veces.

Nuevos mundos

A simple vista, un grano de polen de centinodia parecería una mota de polvo.

Con un microscopio potente vemos que se trata de una esfera con una intrincada superficie, que sigue un patrón de bultos y surcos.

Pequeños pero vitales

Puede que una gota de agua de mar parezca no contener nada, pero está repleta de formas de vida tan pequeñas que resulta imposible verlas.

Por ejemplo, las extrañas formas que ves a la derecha son unas algas microscópicas llamadas diatomeas. Pese a su minúsculo tamaño, son vitales para muchos animales acuáticos, porque forman parte de su principal fuente de alimento: el plancton.

¿Un alienígena?

La criatura que aparece a la izquierda es una hormiga arborícola aterciopelada. En la imagen se aprecian claramente los minúsculos pelos que recubren su cuerpo.

Gracias al microscopio, la ciencia ha podido explorar el increíble mundo de los insectos. Hemos aprendido muchas cosas sobre cómo se comportan y sobre la forma de su cuerpo, que se ha adaptado al medio en que viven.

Una hormiga aumentada 125 veces.

Medicina y salud

Algunos de los descubrimientos médicos más importantes de la historia se han hecho gracias al microscopio. Se utilizó hace más de un siglo para demostrar que la mayoría de las enfermedades están provocadas por gérmenes invisibles para el ojo humano. Bajo estas líneas puedes ver el germen de la difteria aumentado 54.000 veces.

Polvo doméstico visto a través de un microscopio muy potente.

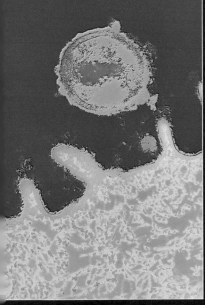

Un germen de difteria sobre la superficie de la garganta de una persona, visto con un microscopio de gran potencia.

Combatir las enfermedades

El conocimiento más detallado de los gérmenes ha permitido a la ciencia desarrollar mejores formas de combatir las enfermedades. Antiguamente los gérmenes de la difteria provocaban muchas muertes pero, hoy en día podemos curar e incluso prevenir esta enfermedad.

Ver para creer

Hasta el objeto más corriente parece extraordinario a través de un microscopio. Arriba, por ejemplo, podemos ver cómo es el polvo doméstico aumentado más de 28.000 veces.

Un poco de todo

Esta muestra contiene restos de una tela de araña, escamas de las alas de una polilla, polvo de ladrillo y excrementos de insectos.

El microscopio te permite averiguar que esa pelusa gris que se percibe a simple vista es en realidad una mezcla de los residuos minúsculos que se acumulan en las casas.

Estos átomos son algunas de las partículas mínimas de materia que se pueden ver con un microscopio.

"Micropartículas"

A medida que se hacen más sofisticados, los microscopios pueden revelar objetos tan pequeños que hasta cuesta imaginarlos. Por ejemplo, con un tipo de microscopio electrónico llamado microscopio de efecto túnel, se pueden "ver" átomos, las "micropartículas" de las que están hechas todas las cosas.

Muchos millones

El montículo rojo y amarillo que ves abajo es una pila de átomos de oro, y las formas verdes son átomos de un material llamado carbono. Están aumentados muchos millones de veces.

MÁS GRANDE TODAVÍA

Existen dos tipos fundamentales de microscopios: los ópticos y los electrónicos. Los microscopios ópticos son los que suele haber en el colegio o en casa, mientras que los electrónicos son máquinas muy complicadas y costosas, que suelen emplearse en medicina e industria.

La imagen nos muestra el ojo de una aguja y un hilo aumentados 30 veces.

A simple vista

La fotografía al pie de la página muestra una gota de sangre tal como se ve a simple vista. Es de color rojo porque contiene miles de minúsculos glóbulos rojos flotando en un líquido transparente.

Vemos la sangre porque la luz rebota en ella y llega hasta nuestros ojos. Es imposible distinguir las distintas células sanguíneas, porque el ojo humano sólo distingue objetos que están separados al menos por un cuarto de milímetro. Si están más cerca, los vemos como una masa del mismo color.

Una muestra de sangre depositada en un portaobjetos.

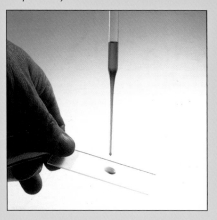

Con ayuda de la luz

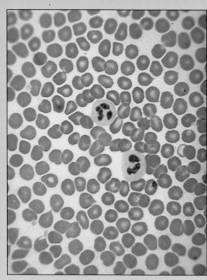

Aquí podemos ver una gota de sangre cuyo tamaño real se ha aumentado 500 veces.

La imagen de arriba muestra una gota de sangre vista con un microscopio óptico. Observa la cantidad de glóbulos rojos que contiene, y también los dos glóbulos blancos que hay en el centro. Para aprender más sobre la sangre, mira la página 27.

Los microscopios ópticos utilizan la luz y unos cristales curvados llamados lentes para hacer que el objeto que miras parezca más grande.

Dos mejor que una

Las lentes que hay en los microscopios aumentan lo que quieres observar por partida doble. La lente del objetivo da una primera imagen aumentada y la lente del ocular amplía la imagen dada por el objetivo.

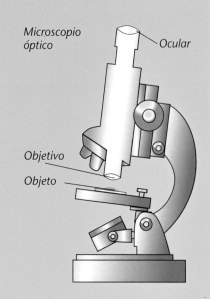

Microscopio óptico — Ocular

Objetivo

Objeto

¿Cuántos aumentos?

La potencia de los microscopios ópticos oscila entre los 40 y los 2.000 aumentos. Además, te permiten distinguir objetos que están hasta 1.000 veces más juntos de lo que puede observarse a simple vista.

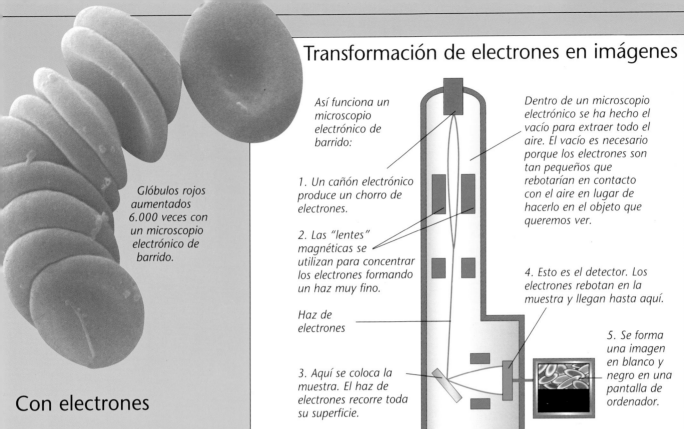

Transformación de electrones en imágenes

Así funciona un microscopio electrónico de barrido:

1. Un cañón electrónico produce un chorro de electrones.

2. Las "lentes" magnéticas se utilizan para concentrar los electrones formando un haz muy fino.

Haz de electrones

3. Aquí se coloca la muestra. El haz de electrones recorre toda su superficie.

Dentro de un microscopio electrónico se ha hecho el vacío para extraer todo el aire. El vacío es necesario porque los electrones son tan pequeños que rebotarían en contacto con el aire en lugar de hacerlo en el objeto que queremos ver.

4. Esto es el detector. Los electrones rebotan en la muestra y llegan hasta aquí.

5. Se forma una imagen en blanco y negro en una pantalla de ordenador.

Glóbulos rojos aumentados 6.000 veces con un microscopio electrónico de barrido.

Con electrones

Observa arriba unos glóbulos rojos tal como se ven con un microscopio electrónico de barrido*. Se aprecia claramente la forma de las células, e incluso detalles de su superficie.

Partículas diminutas

En vez de rayos de luz, el microscopio electrónico utiliza unas partículas diminutas: los electrones. Las imágenes aumentadas aparecen en la pantalla de un ordenador.

Los microscopios electrónicos permiten distinguir objetos separados por millonésimas de milímetro y alcanzan un poder de ampliación de casi un millón de aumentos,lo que les convierte en instrumentos valiosos para la investigación científica. En medicina se emplean para examinar los virus más diminutos.

Cortes ultrafinos

Abajo observamos glóbulos rojos vistos a través de un tipo de microscopio electrónico llamado microscopio electrónico de transmisión. Éste hace que los electrones atraviesen el objeto y hagan un corte ultrafino, llamado sección, que permite ver el objeto con gran detalle.

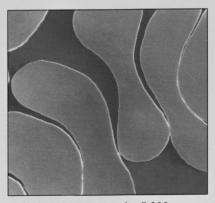

Glóbulos rojos aumentados 7.200 veces con un microscopio electrónico de transmisión.

Color por ordenador

Mosca de la fruta vista a través de un microscopio electrónico de barrido. La imagen de la derecha ha sido coloreada por ordenador.

Las imágenes que reproduce un microscopio electrónico son siempre en blanco y negro, pero se pueden colorear con un ordenador para que resulte más fácil ver los detalles.

La mayoría de las imágenes de microscopio electrónico que aparecen en el libro son de este tipo y se llaman imágenes coloreadas.

* En la página 25 tienes una foto de un microscopio electrónico.

EL MICROSCOPIO

La mayoría de los microscopios ópticos permiten aumentar objetos de 50 a 1.000 veces. Los más potentes alcanzan los 2.000 aumentos. Verás lo fácil que es usar un microscopio, sobre todo cuando aprendas un poquito más sobre ellos.

Un microscopio óptico

Componentes

En la fotografía puedes ver las partes principales de un microscopio óptico.

① Ocular: es la parte por donde miras. Contiene una lente.

② Tubo: en algunos microscopios es regulable y se puede inclinar.

③ Objetivos: la mayoría de microscopios tienen tres (ver *Aumentos*, página 11).

④ Revólver: aquí se acoplan los objetivos.

⑤ Platina: aquí se coloca el objeto que quieres ver.

⑥ Tornillos macro y micrométrico: los haces girar para enfocar la imagen.

⑦ Espejo: refleja la luz natural o artificial sobre el objeto a través de un agujero que hay bajo la platina.

> ATENCIÓN:
> No apuntes nunca un microscopio óptico hacia la luz del sol, porque sus potentes rayos podrían dejarte ciego al reflejarse en el espejo.

Colocación

Sitúa el microscopio sobre una mesa, de manera que alcances a mirar por el ocular con facilidad, sin tener que estirarte mucho ni echarte sobre él. Algunos tubos son regulables y se pueden inclinar para que te resulte más cómodo.

1. Para iluminar un objeto desde arriba (iluminación superior), coloca una lámpara a 20 cm de distancia del microscopio.

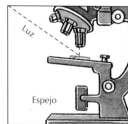

2. Coloca la lámpara de forma que ilumine directamente el objeto. Mueve el espejo para que no refleje la luz a través de la platina.

3. Para iluminar un objeto desde abajo (iluminación inferior), ajusta la lámpara para que la luz llegue por debajo de la platina.

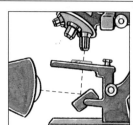

4. Coloca el espejo de forma que refleje la mayor cantidad de luz posible a través de la platina y alcance el objeto.

Las plumas son fáciles de conseguir y resultan muy interesantes a través de un microscopio (a la derecha).

Cada vez más cerca

En las tres imágenes de la derecha se ve una pluma del ala de un pájaro a través de lentes de baja, media y alta potencia. En la primera imagen se ve el raquis de la pluma, que parece el tallo de una planta. Las puntas que salen del raquis se llaman barbas.

En la segunda imagen se ven filamentos que nacen de las barbas en dos direcciones. Son las barbillas, enlazadas entre sí para que la pluma sea fuerte y flexible y el pájaro pueda volar. Verás menos barbas en las plumas del cuerpo, porque son para dar calor en vez de volar.

En la tercera imagen se ve el entrelazado de las barbillas. Las coloreadas en rojo tienen unos ganchos diminutos que se insertan en las cavidades de las coloreadas en amarillo.

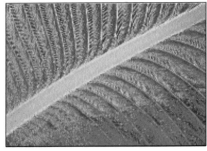

Pluma de ala vista a través de un microscopio óptico con una lente de baja potencia.

La misma pluma observada más de cerca con una lente de media potencia.

La base del raquis es el cálamo.

La pluma vista con una lente de alta potencia.

Prueba a observar distintos tipos de plumas con tu microscopio.

Aumentos

Los microscopios ópticos suelen tener tres objetivos con diferentes aumentos. Se trata de lentes de baja, media y alta potencia.

La potencia de aumento de un microscopio se obtiene multiplicando la potencia de aumento del ocular por la del objetivo.

Este ocular es de 10 aumentos.

Este objetivo es de 40 aumentos.

En total, este microscopio es de 400 aumentos.

Enfocar

Antes de enfocar tu microscopio, haz girar el tornillo macrométrico hasta alzar el tubo al máximo y después, selecciona el objetivo de menor potencia. Comienza siempre con esta lente, porque deja ver una porción mayor de la muestra que vayas a examinar.

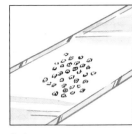

1. La muestra en este ejemplo son unos granitos de azúcar. Colócalos en el centro de un portaobjetos.

2. Pon el portaobjetos en la platina con la parte que quieres ver sobre el agujero. Ilumina la muestra desde abajo.

3. Haz girar el tornillo macrométrico para acercar la lente del microscopio al portaobjetos, pero sin que llegue a tocarlo.

4. Mira por el ocular y alza el objetivo con el tornillo micrométrico hasta que la muestra se vea con total claridad. Ya está enfocado.

PAPEL Y TINTA

El papel tiene muchísimos usos, desde fabricar libros hasta absorber líquidos. Si miras un trozo de papel a través de un microscopio, verás que está compuesto de millones de diminutos filamentos llamados fibras. El microscopio nos revela el uso específico de cada tipo de papel.

Un fragmento de periódico aumentado 40 veces. Si lo miras detenidamente, podrás ver las letras "n" y "d".

Fibras aplastadas

El papel se fabrica a partir de fibra de madera de árboles. La madera se tritura y se mezcla con agua o productos químicos hasta formar una pasta. Ésta se deja secar en capas sobre un soporte y, una vez prensada, se convierte en papel.

Un trozo de papel aumentado 110 veces.

Un buen modo de observar fibras de papel es rasgarlo y mirar el borde al microscopio. En la imagen de arriba vemos que algunas de las fibras más grandes quedaron aplastadas durante el proceso de fabricación.

De todo tipo

Con un microscopio puedes distinguir tipos de papel fabricados de diferentes maneras.

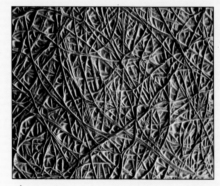

Un papel de carta visto al microscopio óptico, aumentado 30 veces.

El papel de carta que ves arriba está hecho de pulpa sin corteza mezclada con productos químicos. Las largas fibras que lo forman son más o menos del mismo grosor y al estar muy juntas forman una superficie lisa.

Al papel se le añade un líquido parecido a la cera llamado cola. La cola hace que la superficie sea menos absorbente para que la tinta no penetre en los diminutos agujeros y forme borrones.

Filamentos más cortos

La pasta de papel de periódico está hecha de troncos de árboles triturados sin quitar la corteza y mezclados con agua caliente. Si miras al microscopio el extremo rasgado de una hoja de periódico, verás que las fibras tienen distinta longitud y grosor y están pegadas al azar.

Tinta de imprenta

Como el papel de periódico no está encolado, absorbe fácilmente el agua, pero la tinta de imprenta no hace borrones porque está hecha de alcohol y se seca rápidamente sin manchar el papel.

③

②

①

Papel práctico

Observa abajo cómo son las fibras de papel higiénico. Si miras este papel con un microscopio de baja potencia, notarás que las fibras están muy separadas. Este papel es tan absorbente porque el líquido llena enseguida los espacios libres entre las fibras.

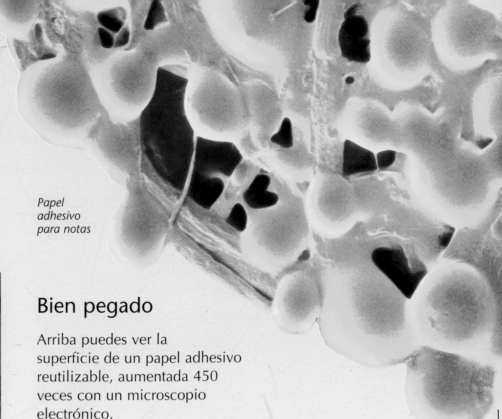

Papel adhesivo para notas

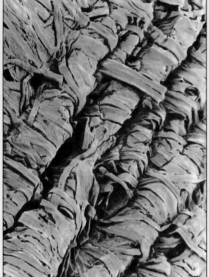

Muestra de papel higiénico aumentado 110 veces con un microscopio electrónico.

Prueba a mirar distintos tipos de papel.

1. Papel de cocina
2. Papel pinocho
3. Papel de carta
4. Papel de seda
5. Papel marrón para sobres

Bien pegado

Arriba puedes ver la superficie de un papel adhesivo reutilizable, aumentada 450 veces con un microscopio electrónico.

Dentro de cada burbuja amarilla hay una pequeña cantidad de pegamento. La superficie de las burbujas está hecha de un material que se rompe fácilmente al presionar.

Burbuja   Superficie   Burbuja rota
            del papel

Superficie dura

Cada vez que presionas un papel adhesivo sobre una superficie, algunas de las burbujas se rompen y sueltan cantidades minúsculas de pegamento. Este tipo de adhesivos se puede usar varias veces, hasta que se rompen todas las burbujas.

Punto a punto

Esta foto tomada de una revista se ha ampliado 8 veces. Está formada por diminutos puntitos de colores.

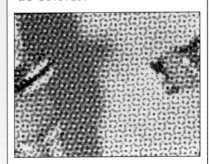

Sólo se utilizan cuatro colores, pero cuando miras la foto desde lejos parece de muchos colores distintos.

Todas las fotos de este libro están formadas por minúsculos puntitos de estos cuatro colores.

Azul cyan   Magenta   Amarillo   Negro

FIBRAS Y TEJIDOS

Muchas prendas de vestir están fabricadas con tejidos como el algodón o el nylon. Estos tejidos están hechos con filamentos llamados hilos, formados por fibras microscópicas. Aquí verás por qué los distintos tejidos tienen un tacto y una apariencia tan diferente.

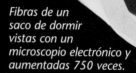

Fibras de un saco de dormir vistas con un microscopio electrónico y aumentadas 750 veces.

Suave y rugoso

En la imagen de abajo puedes ver dos tipos diferentes de fibras gracias al microscopio electrónico.

La fibra verde y rugosa es algodón y se obtiene a partir de las semillas de la planta del mismo nombre. Los filamentos amarillos más lisos son fibras de un material artificial llamado poliéster. Las fibras artificiales suelen ser más suaves que las naturales.

Fibras de algodón y poliéster aumentadas 1.500 veces.

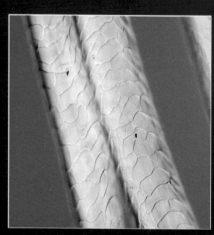

Hilos entrelazados

En la imagen de abajo podemos ver la forma en que los hilos de algodón se entrelazan para formar un tejido.

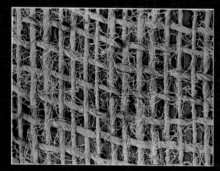

Un tejido aumentado 15 veces con un microscopio electrónico.

El tejido que vemos arriba se llama estopilla. Si miras la foto con detenimiento, verás que cada uno de los hilos que lo forman está a su vez hecho de fibras de algodón.

De pura lana

Abajo puedes ver fibras de lana de oveja sin teñir. Estas gruesas fibras contienen diminutas burbujas de aire. Cuando llevamos ropa de lana, el calor corporal calienta el aire almacenado y nos mantiene calentitos.

Fibras de lana aumentadas 960 veces con un microscopio óptico.

La superficie de cada fibra está cubierta de minúsculas escamas que apuntan hacia la base. Al lavar una prenda de lana, estas escamas rozan entre sí. La combinación de calor, agua y rozamiento puede hacer que las fibras se ricen y la prenda encoja.

Nada de sudor

Los agujeros de los tejidos te ayudan a mantenerte seco además de caliente. En la imagen de abajo se ve un trozo de tejido impermeable. La superficie se recubre con una capa de goma artificial, que evita que la lluvia la atraviese.

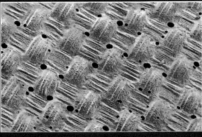

Tejido impermeable del tipo utilizado en prendas deportivas aumentado 30 veces.

Los diminutos agujeros que ves son demasiado pequeños para que las gotas de lluvia los atraviesen, pero permiten que salga el aire húmedo y el vapor de agua de tu cuerpo.

Tejido

No deja pasar la lluvia.   *El vapor de agua escapa.*

Esto evita que el impermeable te haga sudar demasiado y resulte incómodo.

¡Qué suave!

Las fibras artificiales que ves al pie de la página se utilizan en un tejido llamado microfibra, que resulta extremadamente suave al contacto con la piel y suele usarse para confeccionar ropa. Bajo estas líneas puedes ver una prenda de microfibra aumentada.

Detalle de una prenda de microfibra aumentada 60 veces.

La microfibra es ideal para limpiar gafas y otras lentes, porque la forma de cuña de las fibras hace que recojan la capa de grasa y suciedad que se acumula en ellas. La suciedad queda atrapada entre los filamentos y por eso el tejido de microfibra no mancha la lente.

Puntas de fibras de microfibra aumentadas 5.000 veces.

Burbujas de aire

Estos redondeles y tubos de colores son fibras de un material artificial, el poliéster Dacron*, utilizado para forrar sacos de dormir. En los agujeritos que hay en cada fibra se almacena aire, del mismo modo que en las fibras de lana, por eso los sacos de dormir son calentitos y ligeros.

El aire se almacena en estos agujeros.

Agujeros microscópicos

Para fabricar estas fibras, el poliéster líquido pasa por una placa metálica llena de agujeros de formas diversas.

Las fibras con agujeros grandes atrapan más aire pero lo dejan escapar si las aplasta un peso. Los agujeros pequeños atrapan menos aire pero las fibras conservan mejor su forma. Los sacos de dormir llevan una mezcla de fibras para que sean lo más calientes posible.

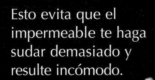

Dacron es una marca registrada de DuPont.

CAJÓN DE SASTRE

En tu casa hay muchísimas cosas que resultan fascinantes si las miras con un microscopio. Aquí podrás ver primerísimos planos de objetos cotidianos, que nos dirán de qué están hechos y nos revelarán sus secretos.

Redes de nylon

En la imagen inferior vemos un trozo de una red de las que se usan en las peceras, vista a través de un microscopio electrónico. Está aumentada 88 veces.

El hilo amarillo es nylon, un material artificial, y se ha entrelazado formando una fina malla. Observa lo suaves y lisas que son las fibras de nylon comparadas con las fibras naturales como el algodón y la lana (página 14).

Una red de pesca hecha de filamentos de nylon.

Redes antiadherentes

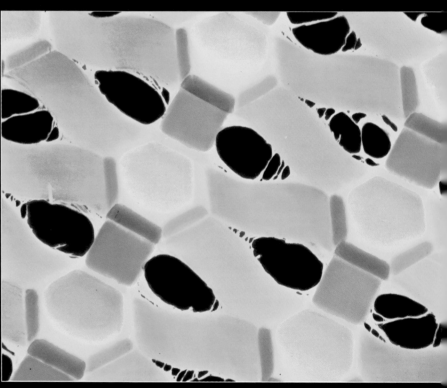

Esta imagen coloreada, tomada con un microscopio electrónico, muestra la red que forma una tirita de esparadrapo amplificada 40 veces.

Arriba puedes ver un fragmento de la red que forma la gasa de una tirita. Está hecha de polipropileno, otro material artificial. Los agujeros permiten que la gasa absorba la humedad, bien sea una crema antiséptica o la sangre de una herida.

La red de polipropileno no absorbe la humedad, lo cual evita que la gasa se quede pegada a la herida.

Gasa

Red de polipropileno

Herida

Para hacer este estropajo se han utilizado fibras artificiales de distinto grosor entrelazadas.

Más suave al fregar

La imagen de arriba, tomada con un microscopio electrónico, muestra la superficie de un estropajo de cocina aumentada más de 70 veces.

Limpia con cuidado

Para fabricar el estropajo se forma una malla entretejida con tiras gruesas de nylon de color amarillo. Son filamentos muy resistentes que eliminan los restos de comida en ollas y sartenes. Como tienen forma redondeada, limpian sin rayar la superficie de los cacharros.

Bien agarrado

Abajo tienes una imagen de un trozo de velcro* como el que encuentras en ropa o en zapatillas de deporte. Está fabricado con nylon y se compone de dos partes muy distintas.

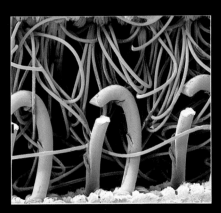

Un trozo de velcro aumentado ocho veces.*

Filamentos sueltos

La tira superior del velcro* (en verde) lleva una serie de filamentos en forma de anillos mucho más sueltos que el resto del tejido de nylon.

Los ganchitos en azul de la tira inferior son anillos de nylon más gruesos que, una vez entretejidos, se cortan para formar pequeños garfios.

Cuando juntas las dos partes, los garfios enganchan los anillos y se quedan sólidamente adheridos, aunque es muy fácil separarlos.

Microdibujos

Es buena idea tomar nota de lo que ves con tu microscopio. Antes de observar algo, dibuja un círculo a lápiz en una hoja de papel. Sin apretar el lápiz demasiado, haz una cuadrícula con los cuadrados a la misma distancia unos de otros.

1. Coloca el papel sobre la mesa de manera que puedas verlo sin levantar la vista del ocular.

2. Imagínate que la muestra también está cuadriculada y fíjate en qué cuadro está cada parte.

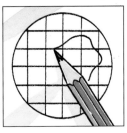

3. Dibuja cada parte en tu papel, en el lugar correspondiente de la cuadrícula. Haz un dibujo sencillo.

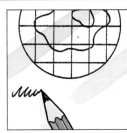

4. No olvides escribir el nombre del dibujo y la fecha, además del total de aumentos utilizados.

PISTAS DEL PASADO

Gran parte del conocimiento del hombre sobre sus antepasados se debe a los restos que se han encontrado. Los arqueólogos son las personas que se encargan de estudiar estos restos. A veces son tan pequeños que hay que examinarlos al microscopio.

Estas semillas son de plantas que crecieron siglos atrás.

Trozos de cerámica

Los productos de artesanía como los ladrillos, las tejas o la cerámica pueden dar muchas pistas a los arqueólogos, porque resisten el paso del tiempo. En la foto de abajo, por ejemplo, observamos un fragmento de un material de construcción utilizado en unos baños romanos en el año 450 a.C.

Los arqueólogos utilizan microscopios para examinar la cerámica. Un especialista puede averiguar para qué se utilizó. Por ejemplo, un alto contenido de arena hace que la cerámica soporte el calor sin romperse, por lo que un fragmento que contenga muchos granos de arena podría ser de una olla.

Material de construcción romano aumentado más de 30 veces con un microscopio óptico.

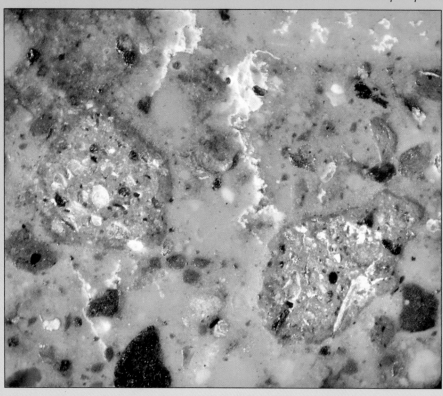

Atención a la comida

Bajo tierra se pueden conservar restos diminutos de plantas. Si se encuentran en lugares que una vez estuvieron habitados, pueden decirnos muchas cosas sobre lo que comía la gente en aquel entonces. Las semillas de frambuesa y mora que ves arriba se encontraron en los servicios públicos de una ciudad medieval (del siglo XI al XV).

Los granos de avena carbonizados que ves abajo se encontraron junto a una chimenea medieval sepultada, donde es posible que cayeran mientras se cocinaban. Este tipo de hallazgos enseñan a los arqueólogos el régimen alimenticio que seguían nuestros ancestros.

El microscopio demuestra que son granos de avena.

Polen conservado

Los diminutos granos de polen* que ves en la imagen tienen unos 5.000 años. Se encontraron en Gran Bretaña y demuestran que la población ya cultivaba la tierra por aquel entonces.

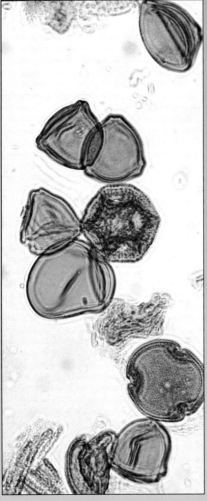

Este polen de 5.000 años cayó en una zona pantanosa. Se ha conservado tan bien que aún se pueden distinguir los diferentes tipos.

Aunque se recogió en una zona pantanosa y llana, la muestra contiene polen tanto de árboles como de cultivos, que servían de alimento. Esto sugiere que los campesinos talaban los bosques para crear espacio donde plantar sus cosechas.

Prehistoria

Los restos microscópicos de animales pueden ofrecer a los arqueólogos muchos datos sobre los cambios ocurridos en la Tierra y en el clima con el paso de los siglos, y también sobre el ser humano.

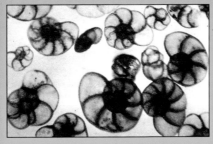

Conchas de organismos de agua salada

Las delicadas conchas que ves arriba pertenecen a unos organismos marinos minúsculos llamados foraminíferos. Si un arqueólogo encuentra restos de este tipo de animales en tierra, quiere decir que esa zona estuvo antes bajo el mar.

Pulgas de agua dulce

A la derecha puedes ver un cladocero o pulga de agua dulce. El hallazgo de estos organismos en una muestra de suelo puede indicar que esa tierra estuvo cubierta de agua dulce (por ejemplo, un lago, una acequia o un foso).

Una pulga de agua dulce aumentada 75 veces.

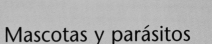

Cabeza de una pulga de perro encontrada en una casa romana, vista al microscopio electrónico.

Mascotas y parásitos

Arriba tienes la cabeza de una pulga de perro que se encontró junto a otros restos procedentes del suelo de una casa que era parte de un asentamiento romano en York, al norte de Inglaterra.

Perros y gatos

La gente tenía perros para la caza o para labores de pastoreo. Esta pulga de perro, hallada en los restos del suelo de la casa, sugiere que los perros vivían con sus amos.

Aunque parezca sorprendente, los arqueólogos no han encontrado pulgas de gato en este asentamiento romano, lo que hace suponer que a los gatos se les hacía vivir fuera de las casas para que cazaran ratas y ratones.

*Puedes averiguar más cosas sobre el polen en las páginas 44-45.

LABOR DETECTIVESCA

Hasta los criminales más meticulosos pueden dejar pistas diminutas que a menudo son demasiado pequeñas para distinguirse a simple vista. Por eso, los microscopios prestan una ayuda inestimable a la policía.

Tras la pista

Los científicos de la policía utilizan microscopios ópticos para examinar posibles pruebas buscando pistas. Esta labor les ayuda a decidir qué hacer a continuación: por ejemplo, volver a examinarlas con un microscopio electrónico, o tomar muestras de sangre o de suelo para realizar más comprobaciones.

La prueba del delito

En el escenario de un robo o un asesinato suelen quedar partículas de la ropa del culpable, como por ejemplo fibras de lana de un jersey. Si las fibras halladas en el lugar del crimen coinciden con las de una prenda perteneciente a un sospechoso, pueden ayudar a la policía a solucionar el caso.

¿Qué más?

Cuando buscan pruebas, los investigadores policiales pueden también examinar pelos, fibras de alfombra o los cristales de una ventana rota.

Microscopios sobre ruedas

Para examinar objetos grandes como, por ejemplo, un coche, la policía utiliza el microscopio de operaciones*. Se trata de un microscopio unido a un brazo articulado, que va montado en una plataforma con ruedas. Ésta última se arrima al objeto y el microscopio se regula para poder examinarlo desde distintos ángulos.

Capas de pintura de un coche aumentadas 40 veces con un microscopio electrónico.

A veces los ladrones de coches repintan la carrocería, pero un cuidadoso examen al microscopio puede ayudar a la policía a identificar un vehículo robado. En la imagen de arriba vemos una sección de la carrocería de un coche viejo. Aunque el coche es azul, la foto demuestra que antes era verde.

Más pistas

También se usan microscopios para examinar cadáveres hallados en circunstancias sospechosas. Un ejemplo: si encontramos ciertas algas minúsculas en los pulmones de un cuerpo sacado de un río, seguramente la persona murió ahogada; si no encontramos este tipo de algas, es probable que la víctima estuviese muerta antes de entrar en el agua.

Armas y culpables

Un microscopio puede ayudar a resolver casos en los que intervinieron armas de fuego. El cañón de un arma de fuego tiene unas estrías que hacen que la bala gire sobre sí misma y vaya recta hacia el blanco.

Al disparar un arma, las estrías rayan los lados de la bala y dejan unas marcas tan únicas como las huellas dactilares de una persona. Estas marcas microscópicas pueden compararse con las marcas de otras balas para saber si provienen del mismo arma.

Las marcas de estas balas son diferentes, luego provienen de armas distintas.

* Puedes ver la foto de un microscopio de operaciones en la página 38.

EL CUERPO HUMANO

¿TE CONOCES BIEN?

¡Qué podría resultarte más familiar que tu propia cara? Probablemente te miras al espejo todos los días, cuando te peinas o te cepillas los dientes. Aquí verás el pelo, los dientes y la lengua de una forma muy distinta: aumentados con un potente microscopio.

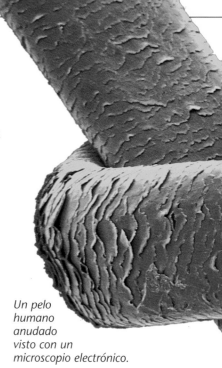

Un pelo humano anudado visto con un microscopio electrónico.

¿Te escama?

Esa cosa marrón que parece una serpiente es en realidad un pelo humano anudado, aumentado más de 750 veces usando un microscopio electrónico. La capa exterior del pelo está cubierta por escamas superpuestas.

El pelo está formado por una sustancia llamada queratina, que también se encuentra en las uñas. En la imagen de abajo se ve un corte longitudinal (a lo largo) de un pelo. Lo forman tres capas distintas.

Sección de un pelo humano aumentado 490 veces con un microscopio óptico.

La capa exterior, o cutícula, está hecha de finísimas escamas de queratina. Es más dura que las otras y ayuda a proteger el pelo.

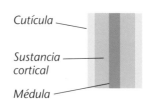

Cutícula

Sustancia cortical

Médula

Cada pelo tiene tres capas.

Las dos capas siguientes, la sustancia cortical y la médula, son las que dan al pelo su color. Ambas contienen minúsculos gránulos de un pigmento llamado melanina.

Del negro al blanco

El pelo negro contiene melanina más o menos pura. El pelo rubio y pelirrojo contiene melanina mezclada con otras sustancias, como hierro o azufre. Cuando envejecemos, estos gránulos van sustituyéndose gradualmente por burbujas de aire, lo que hace que el pelo se vuelva blanco.

Agujeros diminutos

Esas puntas rosas que ves abajo y que parecen dedos son pelos nuevos que han empezado a salir del cuero cabelludo.

Pelos saliendo del cuero cabelludo aumentados 125 veces con un microscopio electrónico.

Los pelos nacen en unos agujeritos minúsculos llamados folículos pilosos. En el cuero cabelludo hay miles de ellos, y muchos más por todo el cuerpo. Sólo las palmas de las manos y las plantas de los pies carecen de pelos y folículos.

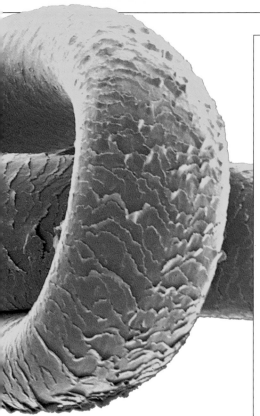

La lengua y el gusto

La superficie de la lengua está cubierta de unos bultitos llamados papilas. Las hay de varios tipos y cada una realiza una función diferente. Por ejemplo, la que ves al pie de la página se llama papila gustativa porque identifica los sabores.

Los distintos tipos de papilas gustativas están repartidos por diferentes zonas de la lengua. Cada tipo es sensible a un sabor: dulce, agrio, salado o amargo.

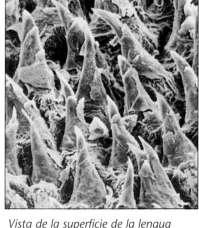

Vista de la superficie de la lengua aumentada 420 veces con un microscopio electrónico.

Las formas puntiagudas que ves arriba corresponden a otro tipo de papila. Forman una superficie rugosa que ayuda a la lengua a mover la comida por la boca cuando masticas.

La punta de las papilas está hecha de queratina. Esta sustancia hace que sean más fuertes y resistentes.

Mapa de la lengua que muestra dónde se localizan los distintos sabores.

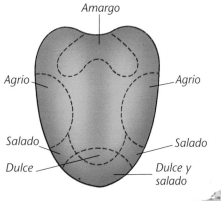

Amargo

Agrio — Agrio

Salado — Salado

Dulce — Dulce y salado

Superficie dura

Abajo puedes ver la superficie de un diente muy aumentada. Está recubierta de esmalte, una sustancia muy dura que permite al diente trabajar sin romperse y que además lo protege de las caries. Estas filas tan ordenadas son capas de calcio, el ingrediente principal del esmalte.

Una papila gustativa con otras muchas bajo su superficie, aumentada casi 500 veces.

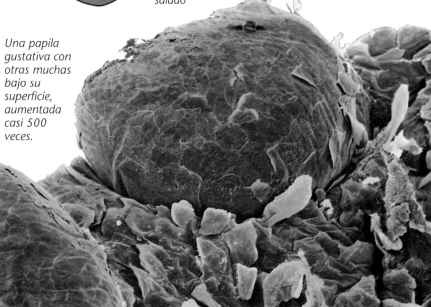

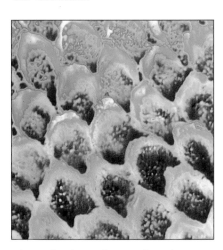

El esmalte de un diente coloreado y visto con un microscopio electrónico.

EN FORMA

El cuerpo humano es la suma de muchas partes distintas, y cada una tiene una función propia. Aquí puedes ver algunas de ellas a través del microscopio y además averiguar cómo funcionan.

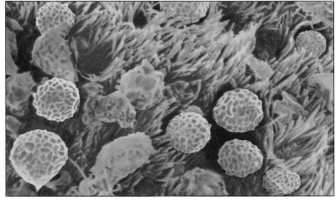

En esta imagen del interior de una tráquea humana se observan granos de polen (en naranja) y motas de polvo (en marrón).

Aire acondicionado

Cada vez que respiras, el aire entra por la boca o la nariz y baja por un tubo llamado tráquea hasta llegar a los pulmones. La imagen de abajo muestra el interior de una tráquea vista con un microscopio electrónico. Está aumentada unas 9.000 veces.

Las partículas azules que ves en el centro se llaman células copa. Fabrican un líquido denso y pegajoso que se denomina mucosidad y atrapa los residuos como el polen y el polvo, evitando que lleguen a los pulmones.

Un pañuelo, por favor

Los filamentos ondulantes, llamados cilios, transportan la mucosidad hacia la nariz y la garganta. Por eso, cuando estás resfriado, tu cuerpo genera más mocos: para expulsar los gérmenes antes de que alcancen los pulmones.

Imagen coloreada del interior de una tráquea, tomada con un microscopio electrónico.

Duro como un hueso

Los microscopios han revelado que los huesos están hechos de varias capas distintas.

Tejido óseo exterior

Tejido compacto

Tejido esponjoso

En la médula ósea o tuétano se forman las células sanguíneas.

La foto a pie de página muestra la capa denominada tejido compacto. Es de un material denso, colocado en anillos que rodean los canales que contienen los vasos sanguíneos. Esta capa endurece el hueso.

El tejido compacto forma tubos que van por toda la superficie del hueso y lo fortalece.

Vaso sanguíneo

Tejido óseo

Canal de un vaso sanguíneo

Tejido compacto visto al microscopio.

Fotos del cuerpo

Casi todas las imágenes de las partes del cuerpo que aparecen en estas páginas se han conseguido con un microscopio electrónico de barrido* como el de abajo. Un haz de electrones barre la superficie de la muestra dentro de la columna de metal y la imagen resultante aparece en la pantalla.

Un microscopio electrónico de barrido

Hay que preparar con sumo cuidado las muestras que se observan con microscopios de este tipo. Por ejemplo, una muestra de piel debe ser congelada para que no pierda su forma al quedar expuesta al vacío dentro del microscopio.

Baño de oro

Normalmente, los electrones atravesarían sin dificultad la muestra. Por eso se suele recubrir con un finísimo baño de oro, que hace que los electrones reboten sobre ella y creen increíbles imágenes tridimensionales, como las de esta página.

A toda prueba

Las burbujas amarillentas que ves a la derecha son parte de la capa de grasa que tenemos bajo la piel. Esta capa, llamada tejido adiposo, actúa como una manta y ayuda al cuerpo a mantener el calor.

Mosaico protector

La imagen de abajo muestra una vista aumentada de la piel humana. La superficie es como un mosaico de células que encajan perfectamente formando una capa que protege el cuerpo de los gérmenes, el frío y el calor.

Refréscate

Esas gotitas azules son de sudor, que contiene agua y sales. El sudor se produce por debajo de la piel y llega a la superficie a través de unos agujeritos minúsculos: los poros.

El tejido adiposo ayuda a mantener el calor corporal. Está aumentado 1.300 veces.

El sudor utiliza el calor del cuerpo para secarse sobre la piel, y por eso baja la temperatura.

El sudor sale por los poros y se seca sobre la piel.

Superficie de la piel

El sudor se produce aquí.

Células adiposas

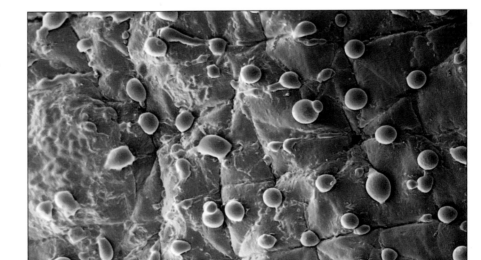

Piel humana con gotas de sudor aumentada 30 veces con un microscopio electrónico.

En la página 9 puedes averiguar más cosas sobre el funcionamiento de un microscopio electrónico.

NUESTRAS CÉLULAS

Tu cuerpo está formado por unos 100 billones de diminutas unidades llamadas células. En estas dos páginas podrás ver al microscopio algunos de los distintos tipos de células que se hallan en el cuerpo humano.

Listas para la acción

La imagen de abajo nos muestra unas células nerviosas o neuronas. Los extremos recogen señales y sensaciones en una parte del cuerpo y las transmiten a otras zonas a través de unas fibras más largas.

Una célula en plena división

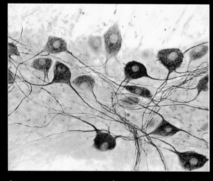

Las neuronas transmiten mensajes sobre sensaciones tales como el dolor.

Recambio

En la imagen de arriba, tomada con un microscopio electrónico, se ve una célula dividiéndose en dos. Las células se reproducen porque cada segundo mueren millones de ellas y han de sustituirse. La división celular tiene varias fases, como muestra el diagrama de la derecha.

La división celular

Así es como se crean células nuevas:

Una célula

La célula crece.

El núcleo de la célula (el centro de control) comienza a dividirse.

La célula se estrecha por el centro.

Se divide en dos. Las dos células son exactamente iguales a la anterior.

Las células de la boca

Con un bastoncillo de algodón puedes tomar una muestra de las células de la parte interior de tu mejilla. Vistas al microscopio son anchas y planas. No debes compartir el bastoncillo ni la muestra con otras personas.

1. Pásate suavemente un bastoncillo limpio de algodón por la parte interior de la mejilla.

2. Extiende las células sobre un portaobjetos con el bastoncillo y tíralo a la basura.

3. Con cuidado, coloca encima un cubreobjetos. Mira las células iluminándolas desde abajo.

4. Deja el material en desinfectante toda la noche. Luego lávalo y enjuágalo bien.

Células protectoras

En la imagen de abajo, tomada con un microscopio óptico, verás que las células de la mejilla se ajustan perfectamente, como si fueran las piezas de un puzzle.

Estas células y otras que forman capas protectoras como la piel o el interior del estómago, se llaman células epiteliales.

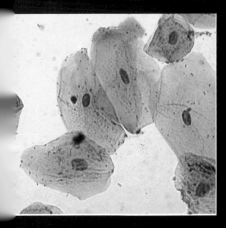

Estas células se han tintado para que resulten más fáciles de ver.

Células sanguíneas

A simple vista, la sangre parece un líquido rojo. Con un microscopio de baja potencia, podemos ver que se trata de una mezcla de células flotando en un líquido amarillento llamado plasma.

Con un microscopio potente, los científicos pueden distinguir claramente los tres tipos de células que se encuentran en la sangre: los glóbulos rojos, los glóbulos blancos y las plaquetas.

Esta imagen coloreada, tomada con un microscopio electrónico, muestra los tres tipos de células que hay en una gota de sangre.

Los glóbulos rojos

Las células rojas que aparecen en la imagen son los glóbulos rojos. Contienen hemoglobina, una sustancia que, mezclada con oxígeno, da el color rojo a la sangre. Los glóbulos rojos se encargan de transportar a todo el cuerpo el oxígeno, un gas imprescindible para la vida.

Los glóbulos blancos

Los glóbulos blancos tienen la misión de defendernos contra las enfermedades. Los que ves en la imagen son redondos, pero cambian de forma para poder colarse entre las células y atacar a los gérmenes en cualquier parte del cuerpo.

Las plaquetas

Esos fragmentos minúsculos y rosados que ves en la imagen son las plaquetas. Se encargan de detener la hemorragia, o sea, la salida de sangre, cuando te haces un corte.

¿Cuántos hay?

Una gota de sangre del tamaño de una cabeza de alfiler contiene cerca de 5 millones de glóbulos rojos. Además tiene unos 7.500 glóbulos blancos y más de 250.000 plaquetas.

Glóbulo rojo

Glóbulo blanco

Plaqueta

CÉLULAS POR DENTRO

El interior de las células humanas es muy complejo, porque cada una tiene sus partes diferenciadas. Los microscopios modernos han revelado a la ciencia la función de las partes de la célula. En estas páginas también tú puedes verlas con todo detalle.

Ribosoma

Estructura

La imagen de abajo muestra una célula de la boca vista con un microscopio óptico. Se observan claramente tres características comunes a todas las células.

La capa que envuelve la célula se llama membrana.

El punto oscuro del centro es el núcleo.

El resto se denomina citoplasma.

La membrana celular forma una capa protectora que sirve además para mantener unidas las partes de la célula.

El núcleo controla todo lo que ocurre en el interior de la célula.

El citoplasma contiene unas partes diminutas llamadas orgánulos. Cada uno tiene una función determinada en la célula.

Una célula típica

El diagrama circular que ves abajo muestra los orgánulos típicos de la célula. En la imagen a pie de página puedes identificar algunas de estas partes dentro de una célula hepática (del hígado).

Núcleo

Membrana

Lisosomas: se encargan de eliminar las partes viejas o enfermas de la célula.

Mitocondrias: se encargan de producir energía para la célula.

Retículo endoplasmático: la materia se mueve por la célula a través de estos conductos.

Ribosomas: se encargan de fabricar las proteínas que forman la célula.

Estos segmentos azules componen el aparato de Golgi. Aquí se almacenan las proteínas.

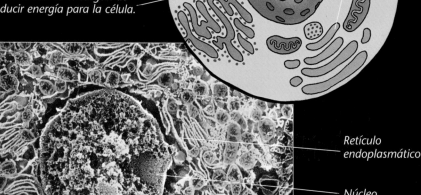

Retículo endoplasmático

Núcleo

Mitocondria

Membrana

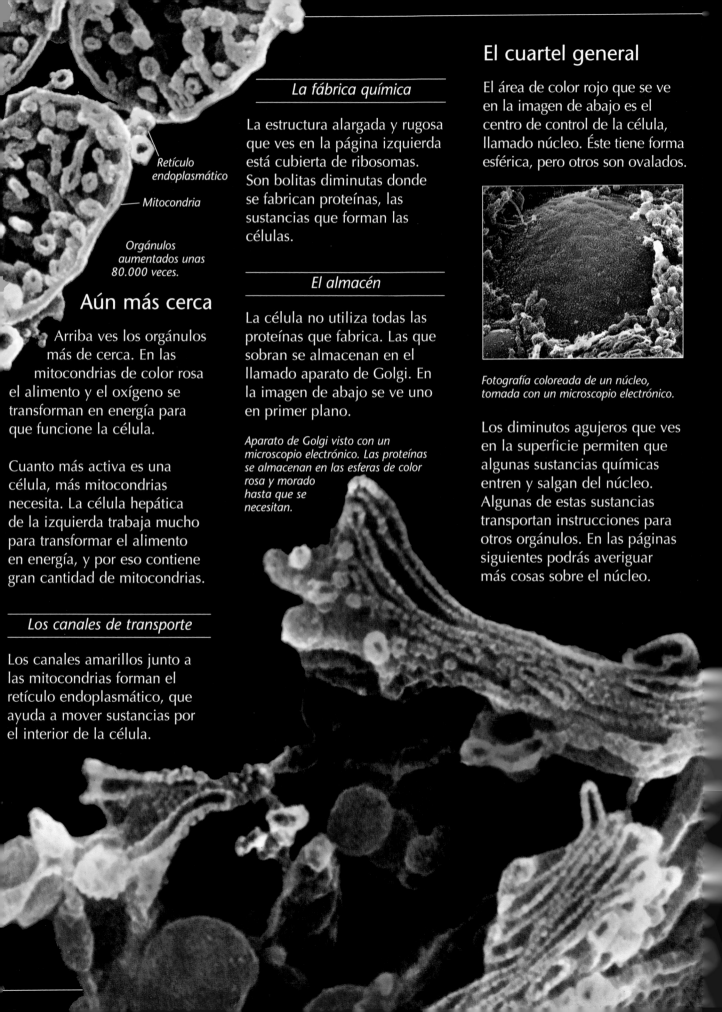

Retículo
endoplasmático

— Mitocondria

*Orgánulos
aumentados unas
80.000 veces.*

Aún más cerca

Arriba ves los orgánulos más de cerca. En las mitocondrias de color rosa el alimento y el oxígeno se transforman en energía para que funcione la célula.

Cuanto más activa es una célula, más mitocondrias necesita. La célula hepática de la izquierda trabaja mucho para transformar el alimento en energía, y por eso contiene gran cantidad de mitocondrias.

Los canales de transporte

Los canales amarillos junto a las mitocondrias forman el retículo endoplasmático, que ayuda a mover sustancias por el interior de la célula.

La fábrica química

La estructura alargada y rugosa que ves en la página izquierda está cubierta de ribosomas. Son bolitas diminutas donde se fabrican proteínas, las sustancias que forman las células.

El almacén

La célula no utiliza todas las proteínas que fabrica. Las que sobran se almacenan en el llamado aparato de Golgi. En la imagen de abajo se ve uno en primer plano.

Aparato de Golgi visto con un microscopio electrónico. Las proteínas se almacenan en las esferas de color rosa y morado hasta que se necesitan.

El cuartel general

El área de color rojo que se ve en la imagen de abajo es el centro de control de la célula, llamado núcleo. Éste tiene forma esférica, pero otros son ovalados.

Fotografía coloreada de un núcleo, tomada con un microscopio electrónico.

Los diminutos agujeros que ves en la superficie permiten que algunas sustancias químicas entren y salgan del núcleo. Algunas de estas sustancias transportan instrucciones para otros orgánulos. En las páginas siguientes podrás averiguar más cosas sobre el núcleo.

DENTRO DEL NÚCLEO

En el centro de la mayoría de las células del cuerpo está el núcleo. No sólo se encarga de dar órdenes a la célula, sino que contiene instrucciones muy complejas sobre la vida humana. Esto es lo que un microscopio nos puede revelar al mirar un núcleo a fondo.

El núcleo

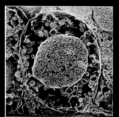

La forma ovalada y marrón que ves a la izquierda es un corte transversal* del núcleo de una célula, visto con un microscopio electrónico de barrido. El núcleo es la parte más grande de la célula.

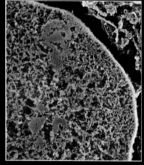

El interior de un núcleo, aumentado con un microscopio electrónico.

Esta forma redondeada y de color rosado es un núcleo visto desde más cerca. Como el resto de imágenes que hay en estas páginas, se ha coloreado para poder ver mejor los detalles. Las zonas más densas se llaman nucleolos. Cada nucleolo fabrica ribosomas como los que aparecen en las páginas 28 y 29.

Los cromosomas y los genes

Escondidos entre las fibras del núcleo se encuentran unos grupos de filamentos muy compactos llamados cromosomas. Contienen miles de unidades minúsculas llamadas genes, que controlan la célula y almacenan información para crear otra vida humana.

La mayoría de las células de tu cuerpo contienen un juego de cromosomas idéntico. La imagen de abajo muestra dos cromosomas aumentados más de 10.500 veces con un microscopio electrónico.

Cada uno de estos dos grupos de filamentos es un cromosoma.

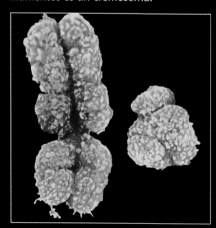

Una cadena de ADN aumentada unos 7 millones de veces.

Compuestos químicos

Los cromosomas y los genes están hechos de un compuesto químico muy complejo llamado ADN. Observa en la imagen de la izquierda cómo sobresale un filamento de uno de los cromosomas. En la imagen de arriba se ve una cadena de ADN muy aumentada.

*Un corte transversal es una sección de alguna muestra o espécimen.

El ADN es demasiado pequeño para verlo con un microscopio electrónico normal. La imagen que ves abajo se ha obtenido con un aparato más potente llamado microscopio de efecto túnel, que muestra los perfiles de las cosas.

Los genes

Los genes que se encuentran en tus cromosomas son muy importantes porque son los encargados de que todos seamos diferentes. Por ejemplo, los genes controlan el color del pelo o de los ojos, y las huellas dactilares.

Un espermatozoide y un óvulo se unen para crear un nuevo ser humano.

Información compartida

Los genes se heredan de los padres. Usando microscopios muy potentes, la ciencia ha podido descubrir la manera exacta en que la información pasa de padres a hijos.

Los cromosomas y los genes que éstos contienen se traspasan durante un proceso llamado fecundación, que ocurre cuando un óvulo femenino se une a un espermatozoide masculino.

Espermatozoide   Óvulo   Óvulo fecundado

En la parte superior de la página se ve una imagen del momento exacto en que un espermatozoide fecunda un óvulo.

¿De dónde vengo?

En la imagen de arriba, tomada con un microscopio electrónico, vemos que el óvulo es redondeado y el espermatozoide tiene cola. Cuando se unen, forman una sola célula. El óvulo fecundado contendrá una mezcla de cromosomas del padre y de la madre.

Cuando un óvulo fecundado se divide (como la célula de la página 26), cada una de las nuevas células contendrá una copia exacta de los mismos cromosomas y de los genes que éstos portan. Las células seguirán dividiéndose a toda velocidad y en el transcurso de los siguientes nueve meses dan lugar a un bebé.

Óvulo fecundado   *Las células seguirán dividiéndose y creciendo hasta formar un bebé.*

LAS BACTERIAS

Los organismos microscópicos que llamamos bacterias habitan la tierra, el agua, el aire, las plantas, los animales y los seres humanos. No se ven a simple vista y por eso nadie supo que existían hasta que se inventó el microscopio. Hay bacterias beneficiosas y bacterias que causan enfermedades.

Estas bacterias tienen unos brazos llamados cilios que les dan movilidad.

¿Cómo son las bacterias?

Una bacteria está formada por una única célula. Hay muchos tipos y tienen distintas formas (redonda, alargada...). La mayoría de las bacterias viven en colonias, y suelen formar grupos o cadenas como la de la izquierda.

Las bacterias suelen ser tan pequeñas que podrías acomodar unas 1.000 de tamaño mediano en este punto y aparte.

Bacterias aumentadas 48.000 veces.

De dos en dos

La imagen de abajo muestra bacterias dividiéndose en dos. Aunque parezca increíble, algunas se dividen cada 20 minutos.

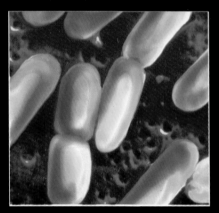

Vista al microscopio electrónico de ciertas bacterias llamadas E.coli en plena división. Provocan intoxicaciones.

Colonias de bacterias

Mientras dispongan de alimento, las colonias se forman y crecen rápidamente. Las colonias de bacterias se desarrollan en lugares cálidos y húmedos, como el cuerpo humano, o sobre la comida que dejamos sin tapar.

Detalles microscópicos

Para que puedas distinguir los individuos que forman las colonias de bacterias, las imágenes que aparecen en estas páginas se han tomado con un microscopio electrónico.

Con gelatina

Los científicos crían bacterias en gelatina para observarlas. Si tú quieres criar bacterias, necesitas 12 placas Petri, una pastilla de caldo de verduras, media cucharadita de azúcar, un sobre de gelatina en polvo y un vaso de agua.

1. Lávate las manos antes de empezar para reducir el número de bacterias que podrías traspasar a la gelatina.

2. Hierve agua en un cazo. Añade la pastilla, el azúcar y la gelatina. Remueve y hierve a fuego lento 30 minutos.

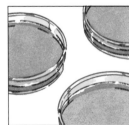

3. Pasa el líquido del cazo a una jarra y echa un poquito en cada placa. Tápalas y déjalas enfriar.

4. Conserva las placas boca abajo. Así evitas que se acumulen gotas de agua en la superficie de la gelatina.

La prueba del dedo

Este experimento demuestra que a las bacterias les encantan las manos sucias.

Necesitas dos placas Petri con gelatina (página 32). Haz el experimento con las manos sucias y con las manos bien lavadas.

1. Con las manos sucias, presiona con un dedo la gelatina de una placa. Haz lo mismo con las manos limpias en otra placa.

2. Asegura las placas con cinta adhesiva y etiquétalas. Déja que reposen unos días a temperatura ambiente.

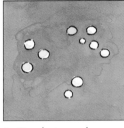

3. Sin destapar las placas, obsérvalas de una en una con el microscopio. Ilumina la placa desde arriba.

En la gelatina que tocaste con la mano sucia aparecerán unos bultitos con la forma del dedo. Son colonias de bacterias. En la otra placa habrá menos.

¡No destapes las placas! Las bacterias podrían hacerte enfermar. Mételas en una bolsa; tírala a la basura y lávate las manos.

⚠ ¡Atención!

Bacterias beneficiosas

Hay bacterias inofensivas, y algunas incluso beneficiosas. Tu cuerpo, y en especial tu aparato digestivo, contiene bacterias beneficiosas.

Estas bacterias beneficiosas viven en tu aparato digestivo.

Protectores del cuerpo

Las bacterias que ves arriba se llaman lactobacilos. Ayudan a digerir la comida y te protegen de otras bacterias nocivas. Otro tipo de bacterias fabrica la vitamina K, que ayuda a la sangre a coagularse.

Contagios

En tu cuerpo también pueden crecer bacterias nocivas. Son las que fabrican sustancias venenosas llamadas toxinas, que a veces hacen que te pongas enfermo.

La cadena de la derecha está formada por unas bacterias llamadas estreptococos, que pueden provocar dolores de garganta, dolor de oído e infecciones cutáneas (de la piel). Afortunadamente, se pueden eliminar con una medicina llamada penicilina (página 49).

La colonia que ves abajo está formada por estafilococos. Causan la aparición de forúnculos y hacen que las heridas se infecten.

Estafilococos aumentados 90.000 veces.

Estos estreptococos pueden provocar dolor de garganta.

LOS VIRUS

Virus de la gripe aumentado más de 137.000 veces.

Los virus son los organismos más pequeños que se conocen – un millón de veces menores que las bacterias. Sólo son visibles al microscopio electrónico. Algunos son inofensivos, pero muchos causan enfermedades – desde el resfriado común al sida.

Gérmenes invisibles

Los científicos del siglo XIX descubrieron que las bacterias eran las causantes de muchas enfermedades, pero no podían encontrar la causa de otros males como la rabia o el sarampión.

Por fin, cuando en la década de los años 30 se descubrió el microscopio electrónico, los científicos pudieron ver los virus que provocaban esas enfermedades.

Elementos complejos

Algunos científicos piensan que los virus no tienen vida propia, sino que son sustancias químicas complejas. Están formados por instrucciones genéticas como el ADN (en azul) y por una capa protectora o cápside (en rojo).

Código genético — Cápside

Los virus del sarampión a pie de página son unos virus muy típicos.

Una célula infectada liberando nuevos virus del sarampión, aumentada más de 41.000 veces.

Los virus, incluyendo el del sarampión, son incapaces de vivir por sí mismos y tienen que penetrar a la fuerza en las células de otros seres vivos para crear más virus. Transcurrido un tiempo, las células invadidas mueren y los virus se liberan, yendo en busca de otras células que atacar.

Virus al ataque

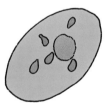

El virus atraviesa la capa protectora de una célula sana.

El virus vierte su ADN en la célula y crea copias de sí mismo.

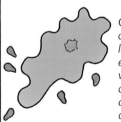

Cuando la célula muere, los virus entran en la sangre y viajan por el cuerpo para atacar a otras células sanas.

Virus mutantes

Todos los virus pueden cambiar y formar versiones nuevas. La gripe, por ejemplo, es una enfermedad provocada por virus, y cada año se descubren nuevos tipos de gripe muy parecidos a los anteriores, pero sin ser exactamente iguales.

La ciencia, estudiando los virus de esta enfermedad, ha desarrollado unas medicinas llamadas vacunas* para prevenir el contagio de algunos tipos de gripe. Abajo tienes una vacuna vista al microscopio electrónico.

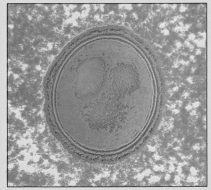

Una vacuna aumentada más de 60.000 veces.

El sida

La imagen de la derecha muestra en rojo los diminutos virus VIH en pleno ataque a un glóbulo blanco. Éste es el virus que provoca el sida, una enfermedad mortal que deja al cuerpo sin defensas ante las enfermedades. Se trata de virus muy complejos, y la ciencia sigue buscando una vacuna que permita prevenir la enfermedad.

Observa lo pequeños que son los virus en comparación con el glóbulo blanco al que están atacando. Están aumentados 14.400 veces.

¿Resfriado?

Estas bolitas rojas y amarillas son virus del resfriado común. Como cualquier otro virus, aumentan en número al invadir otras células, especialmente las que recubren la nariz, la garganta y los pulmones.

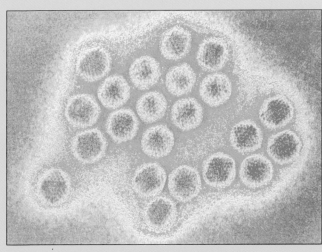

Estos virus sirven para curar enfermedades genéticas.

Tratamientos nuevos

Hoy en día, la ciencia puede utilizar la capacidad de los virus de invadir otras células para desarrollar nuevas maneras de combatir ciertas enfermedades. Por ejemplo, los virus del resfriado se utilizan para intentar curar a pacientes con fibrosis cística, una enfermedad de los pulmones causada por un ADN defectuoso (páginas 30 y 31).

Los científicos inyectan material genético humano en buenas condiciones en ciertos virus del resfriado, para infectar al paciente con el virus. Los virus invaden sus células pulmonares pero, en lugar de verter sus propios genes, depositan los genes sanos en las células defectuosas.

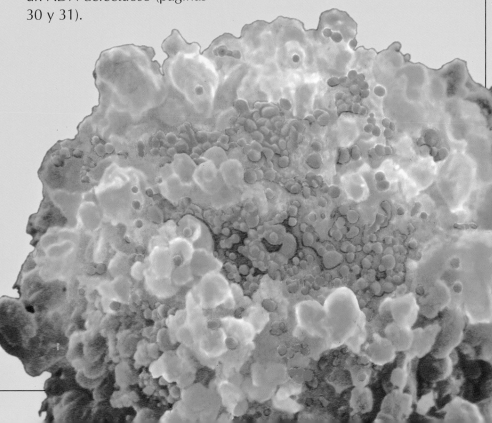

*Puedes averiguar más cosas sobre las vacunas en la página siguiente.

MICROSCOPIOS Y MEDICINA

Los microscopios se utilizan para estudiar el funcionamiento del cuerpo humano y solucionar sus problemas. Gracias a ellos, la ciencia ha descubierto las causas de muchas enfermedades y ha desarrollado formas de tratarlas, curarlas e incluso prevenirlas.

Células cutáneas (de la piel) enfermas, aumentadas 400 veces.

A por los culpables

Para que los médicos puedan curar una enfermedad, tienen que averiguar cuál es la causa. A menudo lo consiguen examinando con un microscopio muestras de sangre o de tejido corporal.

Si la enfermedad está causada por bacterias, es necesario identificarlas. Para ello se coloca una muestra, por ejemplo de sangre, en un líquido lleno de nutrientes para que cualquier bacteria que haya pueda crecer.

Este líquido se extiende en tiras sobre una placa Petri con gelatina limpia. Pasados unos días, se observa la preparación al microscopio para identificar las bacterias que hayan crecido en la gelatina.

Un científico extendiendo una muestra de bacterias en una placa Petri con gelatina.

Células defectuosas

En la imagen de arriba vemos una pequeña muestra de piel vista al microscopio óptico.

Las manchas verdes son células cutáneas sanas, pero las células rojas están enfermas. Si crecen y se transforman en un tumor, éste podría extenderse y destruir las células sanas. Esta enfermedad, llamada cáncer, puede originarse en cualquier parte del cuerpo.

Las células cancerígenas tienen una forma distinta a las sanas.

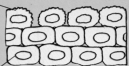

Célula sana

Células tintadas

Las células cutáneas de la imagen de arriba se han tintado para que, si hay células cancerígenas en la muestra, se vean claramente al microscopio. El cáncer puede tratarse si se diagnostica con suficiente antelación.

Contra las bacterias

La mayoría de bacterias pueden eliminarse con unas medicinas llamadas antibióticos. La ciencia ha desarrollado muchos tipos de antibióticos para destruir los distintos tipos de bacterias.

Para probar la eficacia de algunos antibióticos, se añaden a colonias de bacterias conservadas en gelatina y, con un microscopio, se comprueba si el antibiótico destruye la colonia.

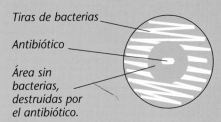

Tiras de bacterias

Antibiótico

Área sin bacterias, destruidas por el antibiótico.

Cepas resistentes

Los microscopios han demostrado que algunas bacterias se hacen resistentes a los antibióticos, que se vuelven incapaces de destruirlas. Estas bacterias se conocen como cepas resistentes. Los estreptococos que ves abajo son de ese tipo de cepas.

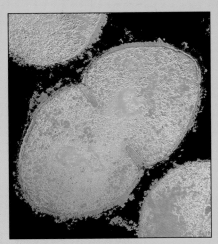

Los antibióticos ordinarios ya no pueden destruir estas bacterias.

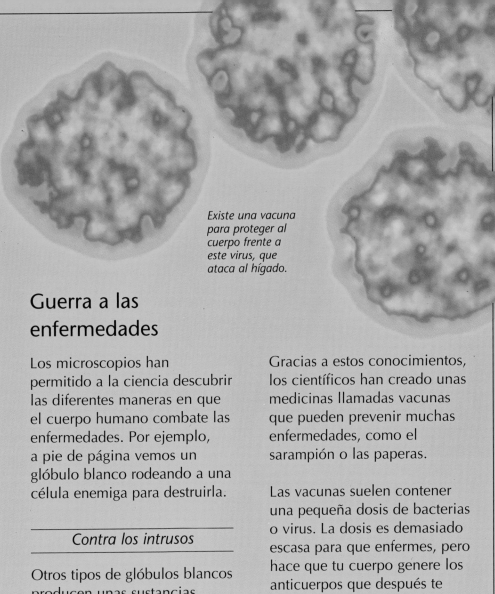

Existe una vacuna para proteger al cuerpo frente a este virus, que ataca al hígado.

Guerra a las enfermedades

Los microscopios han permitido a la ciencia descubrir las diferentes maneras en que el cuerpo humano combate las enfermedades. Por ejemplo, a pie de página vemos un glóbulo blanco rodeando a una célula enemiga para destruirla.

Contra los intrusos

Otros tipos de glóbulos blancos producen unas sustancias llamadas anticuerpos que destruyen las bacterias y los virus. Los anticuerpos reconocen los gérmenes que te han atacado en el pasado, y se quedan en tu cuerpo para evitar que lo vuelvan a hacer.

Gracias a estos conocimientos, los científicos han creado unas medicinas llamadas vacunas que pueden prevenir muchas enfermedades, como el sarampión o las paperas.

Las vacunas suelen contener una pequeña dosis de bacterias o virus. La dosis es demasiado escasa para que enfermes, pero hace que tu cuerpo genere los anticuerpos que después te protegerán de esa enfermedad.

Un glóbulo blanco envolviendo una célula enemiga.

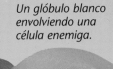

LA MICROCIRUGÍA

Los cirujanos que ves abajo están utilizando un microscopio para realizar una operación. Este tipo de cirugía se llama microcirugía, y se usa cuando hay que operar partes del cuerpo muy pequeñas o especialmente delicadas como el cerebro, los ojos o los oídos.

Cuidado con el cerebro

El uso del microscopio es esencial en neurocirugía porque las células del cerebro que controlan todo el cuerpo están muy unidas. Si se daña el tejido cerebral, el paciente puede perder la vida, el habla o el movimiento.

¡Ese dedo es mío!

La microcirugía ha hecho posible volver a unir partes del cuerpo, como pueden ser los dedos, seccionadas por culpa de un accidente.

Al trabajar con un microscopio, los cirujanos pueden coser esa parte del cuerpo con un juego minúsculo de aguja e hilo, y así pueden coser nervios, músculos, tendones y vasos sanguíneos diminutos.

Cirujanos operando con un microscopio.

Para unir los extremos de, por ejemplo, una vena cortada, se coloca un anillo metálico alrededor de ésta. Este anillo hace que los puntos no se muevan mientras se unen los extremos de la vena.

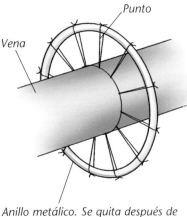

Punto

Vena

Anillo metálico. Se quita después de poner los puntos.

Compartir es vivir

Los microscopios con más de un juego de oculares, como el que ves aquí, se llaman microscopios multioculares. A veces se usan para que otros médicos o enfermeras puedan ser testigos de la operación.

El microscopio se puede conectar a una cámara de vídeo para que los estudiantes de medicina observen operaciones complicadas.

EL REINO VEGETAL

Semillas de maíz aumentadas 80 veces.

LAS PLANTAS

Las plantas, como los animales, están formadas por miles de unidades llamadas células, pero las células vegetales son muy distintas a las animales. Aquí podrás descubrir algunas de las diferencias y echar un primer vistazo a los detalles microscópicos de una planta.

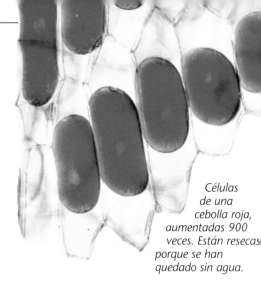

Células de una cebolla roja, aumentadas 900 veces. Están resecas porque se han quedado sin agua.

Patrones celulares

A la derecha puedes ver células de cebolla. Encajan perfectamente formando un patrón bastante regular.

Partes de la célula

Observa alrededor de cada célula una capa más oscura, llamada membrana. Dentro hay un espacio denominado vacuola, lleno de un fluido acuoso. Entre ambas hacen que las células de la planta conserven su forma.

Los puntos oscuros que ves son los núcleos de las células, que controlan el crecimiento y funcionamiento de éstas.

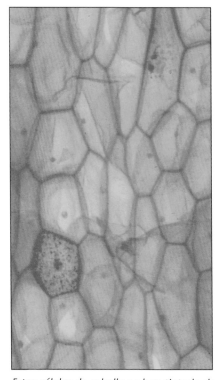

Estas células de cebolla se han tintado de rosa para que se distingan mejor los detalles.

Células marchitas

Observa arriba otras células de cebolla que se han quedado sin agua. Las vacuolas del interior de la membrana, en color rojo, se han encogido y la célula se ha secado. Por eso las plantas se marchitan si no las regamos.

En las células animales no hay ni vacuola ni una membrana tan gruesa, porque tienen que ser flexibles para que los cuerpos puedan moverse.

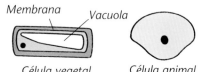

Membrana   Vacuola

Célula vegetal   Célula animal

Experimento

Las células de cebolla son muy fáciles de ver. Pela la cebolla y, con un cuchillo afilado y mucho cuidado, córtala por la mitad en vertical. Luego parte una de las mitades en dos del mismo modo.

¡Atención!

1. Corta un trozo de una de las capas de la cebolla como el que ves marcado arriba.

2. Comprobarás que está cubierta por una piel muy fina. Retírala con unas pinzas.

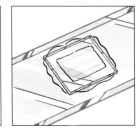

3. Debes hacer una preparación húmeda (página 45) e iluminarla desde abajo.

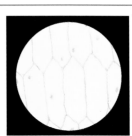

4. Probablemente distinguirás unas manchitas redondas en las células. Se trata de los núcleos.

Sumergir y aclarar

Si quieres ver mejor los detalles de una muestra, puedes tintarla. Para saber qué debes utilizar, lee la página 91. El método de sumergir y aclarar es el que mejor funciona con muestras sólidas como la membrana de una cebolla.

1. Sumerge la muestra unos 3 minutos en un recipiente pequeño con tinte.

2. Sácala con unas pinzas y aclárala bien en otro recipiente con agua limpia.

3. Haz una preparación húmeda (página 45) y obsérvala iluminándola desde abajo.

ATENCIÓN:
Los tintes pueden ser nocivos.
▲ Manténlos lejos del fuego y fuera del alcance de los niños pequeños.
▲ Ponte guantes desechables siempre que utilices tintes.
▲ No te los acerques a la boca ni intentes probarlos.

Las hojas

Las formas verdes que ves en la imagen de abajo son las células de la superficie de una hoja. Las plantas respiran y fabrican la mayor parte de su alimento a través de ellas.

Las células encajan como las piezas de un puzzle y forman una capa protectora. Tienen un aspecto algo borroso porque están recubiertas de una especie de cera impermeable que evita que la hoja pierda demasiada agua.

Células de la superficie de una hoja

Los surcos que ves entre algunas células se abren y se cierran para permitir el intercambio de gases entre la hoja y el aire. Las hojas fabrican alimento mezclando gases del aire con el agua.

Procesando el alimento

En la imagen de abajo vemos un corte transversal de la hoja de una hortaliza. En la mitad superior, la que estaría más cerca del sol, hay unas células alargadas llamadas células en empalizada, que fabrican alimento absorbiendo la energía del sol mediante una sustancia llamada clorofila.

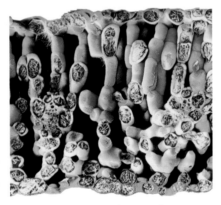

El interior de la hoja de un nabo, aumentado 110 veces con un microscopio electrónico.

En la base, las células son más redondeadas para ayudar a la hoja a mantener su forma. Los huecos entre las células dejan circular gases y oxígeno por la hoja.

¡Ay!

Esta afilada espina es uno de los pelos que crecen en el reverso de una hoja de ortiga. Como los animales, muchas plantas han desarrollado defensas para protegerse de sus enemigos.

Cuando un animal o una persona roza la ortiga, la punta del pelo se clava en la piel y se rompe, inyectando una sustancia dolorosa en la víctima.

Este amenazador pelo de ortiga está aumentado 70 veces.

Este grupo de células fija el pelo urticante a la hoja.

¿DE QUÉ VIVEN?

Como todo organismo viviente, las plantas necesitan alimento y agua para sobrevivir. En las raíces y tallos tienen unas células especiales que transportan estos elementos tan vitales. En estas páginas verás al microscopio las distintas partes que realizan esta función en las plantas.

Las raíces

Abajo ves la punta de una raíz vista al microscopio óptico. Las raíces se encargan de fijar la planta en el suelo y absorber agua de la tierra.

Punta protectora

La zona oscura y rosada se llama cofia y protege la raíz produciendo una capa pegajosa, como una mucosidad, que la ayuda a penetrar el suelo a medida que crece.

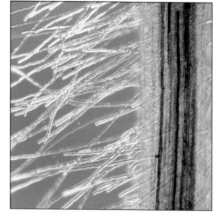

Los pelillos de las raíces absorben el agua y ayudan a crecer a la planta.

Arriba puedes ver un primer plano de una raíz de remolacha. Los diminutos pelos que tiene a los lados son los que absorben el agua del suelo.

Crecimiento a lo ancho

El agua que absorben los pelos de la raíz pasa a unos conductos huecos llamados xilemas, que la transportan desde las raíces y el tallo hasta las hojas.

Observa las xilemas en la raíz que hay al pie de la página. Fíjate también en una raíz más pequeña que está saliendo de la raíz principal. Esto hace que la planta se fije con firmeza al suelo.

Las raíces que ves abajo se han cortado en secciones muy finas, o cortes transversales, que dejan pasar la luz y permiten ver con mayor claridad los detalles. (Podrás aprender a hacer secciones en la página 90).

Corte transversal de una raíz, tintada para mostrar los detalles. Los puntos rojos de las células son los núcleos, los centros de control.

Corte transversal de una raíz aumentada 22 veces.

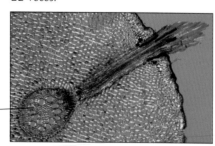

Xilema

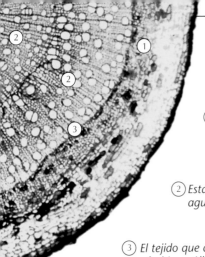

Corte transversal de un tronco de sauce joven, coloreado por ordenador para que se vean claramente las distintas células.

(1) Estas células forman tubos que transportan alimento desde las hojas a otras partes de la planta. Se llaman floemas.

(2) Estas células forman conductos que conducen el agua desde las raíces. Se llaman xilemas.

(3) El tejido que divide las xilemas y los floemas se llama cámbium. Allí se generan este tipo de células.

Sistema de transporte

Arriba tienes un corte transversal de un tronco de sauce joven visto al microscopio óptico, donde puedes observar algunas de las células que transportan el alimento y el agua por todo el árbol. Además, puedes averiguar la edad de un árbol contando los anillos de xilemas. Éste tiene dos años.

Tuberías

A la derecha se ve una sección del tronco de una palmera. El agua va desde las raíces al resto de la planta a través de los largos tubos de xilemas tintados de azul.

Siempre en forma

Las espirales que hay en el interior de los tubos refuerzan el tronco y ayudan a que los tubos de xilemas mantengan la forma. A medida que la planta crece, las espirales se estiran.

Las xilemas a la derecha de la imagen nacieron cuando la planta estaba en pleno crecimiento y se han estirado a medida que el tronco se ha hecho más grande. Las de la izquierda nacieron más tarde, cuando la planta era casi adulta. Observa que no se han estirado tanto.

Parte del tronco de una palmera, aumentada al microscopio más de 1.900 veces.

Absorber tintes

Algunas muestras, como las secciones de una planta, son muy delicadas y no pueden tintarse con el método "sumergir y aclarar" (página 41). En estos casos se puede utilizar la absorción. Antes de empezar, tendrás que hacer una preparación húmeda (página 45).

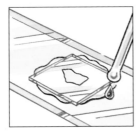

1. Con una varilla de vidrio, pon una gota de tinte en el agua cerca de uno de los extremos del cubreobjetos.

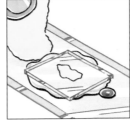

2. Sostén un poco de papel secante junto al agua, en el extremo opuesto del cubreobjetos.

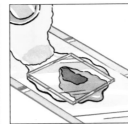

3. El papel secante atraerá el tinte hacia la muestra. Si necesitas más tinte, añade otra gota.

¡ATENCIÓN!: Los tintes pueden ser nocivos.

▲ Manténlos lejos del fuego y fuera del alcance de los niños pequeños.

▲ Ponte guantes desechables siempre que utilices tintes.

▲ No te los acerques a la boca ni intentes probarlos.

REPRODUCCIÓN

Las flores contienen ciertas partes que sirven para crear otras plantas. Su función es propagar las semillas para que crezcan plantas nuevas cada año. Este proceso se llama reproducción. Aquí verás detalles microscópicos de los órganos de las flores que intervienen en la función reproductora.

El estambre u órgano masculino de una rosa

Partes de la flor

Abajo ves una flor de holostea aumentada unas seis veces. Se distinguen claramente ciertas características comunes a casi todas las flores:

1. Los sépalos, que son como hojas, protegen a la flor cuando aún es un capullo. Esta flor de holostea tiene cinco sépalos.

2. Los pétalos suelen ser de vivos colores y estar perfumados para atraer a los insectos.

3. Estos son los estambres. Aquí se fabrica el polen, un polvo amarillo que se transporta hasta otras flores gracias al viento o a los insectos.

4. Estos son los estigmas. Para que pueda crearse una nueva planta, los granos de polen tienen que caer sobre los estigmas.

Pétalos preciosos

Los montículos anaranjados que ves al pie de la página pertenecen a la superficie de un pétalo de rosa, visto al microscopio electrónico.

Cada montículo está cubierto por una capa protectora de cera, que evita que la planta pierda demasiada agua por los pétalos.

El color llamativo y el perfume fragante de los pétalos atraen a los insectos.

Superficie de pétalo de rosa aumentada 2.300 veces.

Fábrica de polen

Casi todas las plantas tienen unos órganos masculinos llamados estambres. La imagen de arriba muestra un estambre de rosa. La forma anaranjada que hay sobre el filamento verde se llama antera. Ahí es donde se fabrica el polen.

Puedes ver los granos de polen que rebosan en las aberturas de la antera. El polen contiene células reproductoras que han de transportarse a otras flores para que puedan crecer plantas nuevas.

Un grano de polen

Tipos de polen

El polen se transporta de una planta a otra de muchas maneras. Por ejemplo, el grano de polen que ves a la derecha se adhiere gracias a sus púas al cuerpo peludo de insectos como las abejas. Cuando el insecto se posa sobre otra flor, el polen roza los órganos femeninos de la planta, los estigmas.

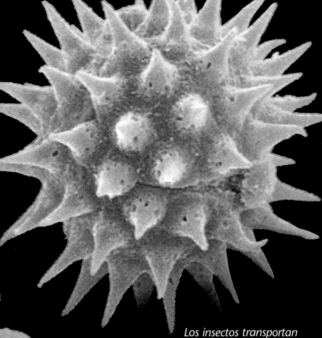

Los insectos transportan el polen con púas.

Grano de polen redondeado aumentado 1.400 veces.

El viento se encarga de transportar los granos redondos de polen a otras flores.

Este grano de polen tiene dos extremos que parecen alas para flotar en la brisa más ligera. En verano el aire está lleno de polen y hay personas que contraen fiebre del heno, una alergia que les hace estornudar.

Plantas nuevas

Si se deposita sobre el estigma, del polen sale un tubo que llega hasta el ovario, la parte de la planta que contiene los óvulos.

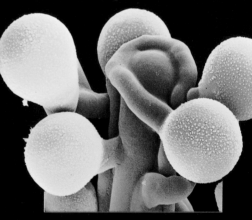

Estigma —
Polen —
Tubo polínico —
Ovario —
Óvulos —

Las células reproductoras del polen bajan por los tubos polínicos y se unen a los óvulos para crear semillas, que después se esparcirán y se convertirán en otras plantas.

Imagen tomada con microscopio electrónico de unos granos de polen de amapola, con los tubos polínicos abrazando el estigma de la flor.

Preparaciones húmedas

La mayoría de las preparaciones de células vegetales se deben mantener húmedas para que no se estropeen. Para que una muestra no se seque mientras la miras al microscopio, puedes hacer una preparación húmeda o temporal.

1. Con un cuentagotas o una varilla de vidrio, coloca una gota de agua sobre un portaobjetos limpio.

2. Coloca la muestra vegetal que quieres observar sobre la gota de agua con unas pinzas.

3. Sujeta el cubreobjetos por los bordes. Colócalo de lado cerca de la gota con la muestra y tápala despacio.

4. Procura no atrapar burbujas de aire al taparla. Quita el agua que sobre con papel secante.

LAS ALGAS

En cualquier zona acuática, sea un pequeño lago de agua dulce o un océano, vive una enorme variedad de algas diminutas, sin las cuales no existiría la vida en el agua. A continuación verás algunas de ellas al microscopio.

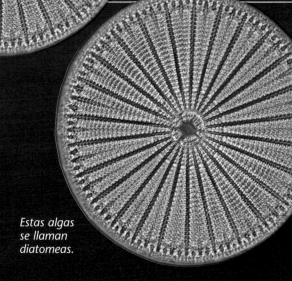

Estas algas se llaman diatomeas.

Reflejos verdes

Esta preciosa forma verde es un alga microscópica de la familia de las desmidiáceas. Pese a pertenecer al reino vegetal, no tienen raíces, hojas ni flores como las plantas.

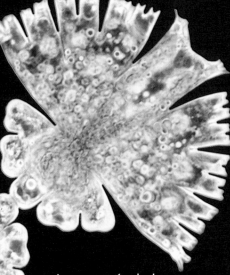

Una desmidiácea aumentada 320 veces.

Las algas pueden encontrarse tanto en agua dulce como en agua salada. Contienen clorofila, una sustancia común a las plantas, que les proporciona ese característico color verde y les ayuda a utilizar la energía solar para crecer.

La mayoría de las desmidiáceas se componen de dos mitades idénticas. Para reproducirse, las mitades tienen que separarse.

Una desmidiácea adulta con dos mitades idénticas.

De cada mitad nace una nueva (la foto de arriba muestra este mismo momento).

Las desmidiáceas se separan.

De cada mitad nacerá otra nueva, idéntica a la anterior.

Joyas de agua

Esa especie de ruedas que ves arriba son diatomeas, un tipo de alga muy común. Tienen un caparazón hecho de una sustancia llamada sílice, dividido en dos mitades denominadas tecas, que encajan perfectamente.

—Mitad superior

—Mitad inferior

Con un microscopio óptico, las diatomeas parecen auténticas joyas. Esto ocurre porque la luz se descompone al atravesar sus caparazones, que son como de cristal, y produce un efecto espectacular.

Diatomeas aumentadas 160 veces. No existen dos idénticas.

Cadenas de células

Algunas algas están formadas por cadenas de células unidas. Por ejemplo, en la imagen de la derecha tienes una vista al microscopio óptico de las algas verdeazuladas.

Las cadenas de algas están rodeadas por una capa protectora gelatinosa.

Este alga se unirá a otras para formar una cadena.

Muchos científicos opinan que en realidad las algas verdeazuladas son bacterias (páginas 32-33). Ciertas algas de este tipo son nocivas y envenenan el agua. Si los peces u otros animales beben el agua contaminada, pueden morir. También puede resultar peligrosa para el hombre.

Estas algas lanceoladas son un tipo de diatomeas (página anterior).

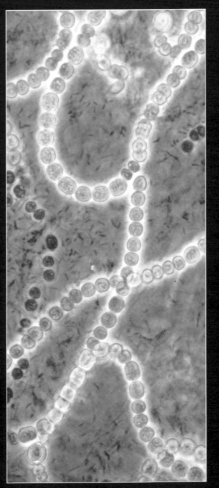

Las algas verdeazuladas que ves arriba están aumentadas unas 1.000 veces.

Análisis de aguas

Los científicos usan microscopios para analizar muestras de agua a fin de determinar si está contaminada. El número y tipo de organismos que observan, especialmente las algas verdeazuladas, les ayuda a medir la contaminación del agua.

Fondo oscuro

La mayoría de las imágenes de algas que has visto en estas páginas se han obtenido usando la iluminación con fondo oscuro. Este método utiliza un filtro de anillo que se acopla sobre la luz del microscopio. El anillo evita que la luz incida directamente sobre las muestras, y hace que aparezcan como objetos brillantes sobre fondo oscuro.

Muestras de agua

Recoge muestras de agua dulce (de un río o una charca) y de agua salada del mar. También encontrarás formas de vida acuática en las piedras con verdín. Pon etiquetas en los tarros con los nombres de los lugares donde recogiste las muestras.

1. Pon un poco de agua en un recipiente y deja reposar hasta que se depositen las partículas flotantes.

2. Con un cuentagotas, recoge una pequeña cantidad de agua que contenga algunas de las partículas.

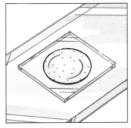

3. Coloca unas cuantas gotas sobre un portaobjetos con cavidad o con anillo* y cúbrelo.

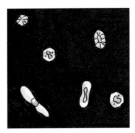

4. Ilumina desde arriba. Si tienes filtro de anillo, utiliza la iluminación con fondo oscuro descrita arriba.

*Mira la lista de material en la página 88.

LOS HONGOS

Los hongos están por todas partes: en forma de moho sobre la comida pasada, sobre las paredes húmedas o en forma de setas en el campo. Echa un vistazo a estos curiosos organismos que no se parecen a otras plantas ni animales.

El moho de esta naranja es un tipo de hongo.

Hongos a la vista

En la imagen de la derecha tenemos las dos partes principales de un hongo típico. Las formas rojas se llaman cuerpos fructíferos, y los filamentos se llaman hifas.

Enredos

Las hifas se entretejen formando una especie de malla compacta llamada micelio, que se abre camino bajo la superficie en la que crece el cuerpo fructífero.

El micelio de esta seta forma una compleja red bajo tierra.

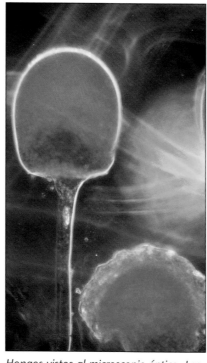

Hongos vistos al microscopio óptico. Las partes rojas se abren para esparcir las esporas, que formarán más hongos.

Los cuerpos fructíferos

Los cuerpos fructíferos están formados por hifas muy juntas y compactas. Los de la imagen se han aumentado más de 1.100 veces, así que imagínate lo pequeños que son en realidad.

Las esporas

Los cuerpos fructíferos están llenos de miles de semillas microscópicas llamadas esporas. Cuando las esporas están maduras, se desprenden y son esparcidas por el viento. Si las esporas caen en un lugar adecuado y con alimento, se formarán otros hongos.

Recoge esporas

Las esporas de los hongos son fáciles de recoger y resultan muy interesantes al microscopio. Los expertos observan las esporas para identificar tipos de hongos. La mejor manera de recoger esporas es dejar que caigan sobre un portaobjetos.

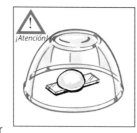

1. Pon un sombrerillo de champiñón en un portaobjetos y déjalo tapado toda la noche.

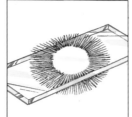

2. Al destaparlo y quitar el sombrerillo, verás las marcas de las esporas.

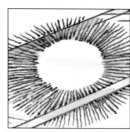

3. No las cubras, porque podrías dañarlas. Ilumínalas desde abajo.

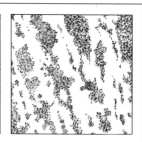

4. Para ver las esporas usa una lente potente. Con una de potencia baja parecen polvo.

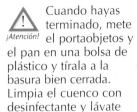
Amigos y enemigos

El moho que ves abajo se llama *Penicillium* y es beneficioso. Se utiliza para fabricar un antibiótico llamado penicilina, que mata muchos tipos de bacterias.

Vista aumentada de un tipo de Penicillium. La zona blanca del borde es el micelio.

Existen ciertos hongos nocivos que pueden causar dolencias, como el pie de atleta en los humanos, o enfermedades que afectan los árboles y las plantas, como la grafiosis del olmo.

¡ATENCIÓN!: lávate las manos después de haber tocado hongos. No te los lleves nunca a la boca, porque pueden ser venenosos.

¿Por qué se pudre?

La forma de flor que ves abajo es el cuerpo fructífero de un *Mucor*, un moho muy común que crece sobre el pan.

Descomposición

El moho se alimenta del pan y, al hacerlo, libera ciertas sustancias sobre la superficie que hacen que el pan se pudra o descomponga.

Manchas de moho

Si tienes hambre y la última rebanada de pan ha criado moho, ni se te ocurra quitar las manchas mohosas y comértela. Las manchas están formadas por cuerpos fructíferos como éste.

Lo que no ves son los filamentos del micelio que el hongo ya ha introducido en el pan. Es peligroso ingerir alimentos que hayan criado moho, porque algunos hongos pueden ser nocivos y causar intoxicaciones.

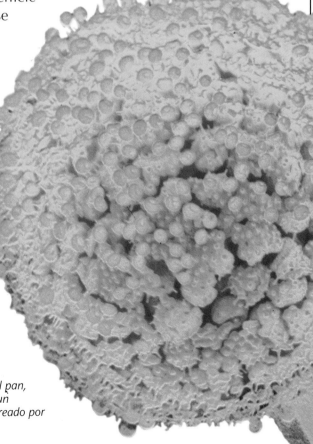

Cuerpo fructífero del moho del pan, aumentado 1.100 veces con un microscopio electrónico y coloreado por ordenador.

COMIDA Y MICROBIOS

Aunque algunos microbios, los hongos y las bacterias, pueden ser perjudiciales en la comida, hay otros que se utilizan para fabricar ciertos alimentos.

La bacteria Clostridium botulinum, aumentada aquí 60.000 veces, se cría en la carne en conserva mal enlatada y provoca una enfermedad mortal: el botulismo.

Menú microbiano

En la primera imagen de abajo se ven unas líneas rojas formadas por un hongo llamado *Penicillium roqueforti*, que es un ingrediente fundamental del queso azul. La segunda foto muestra un tipo de bacterias que se utilizan para fabricar yogur.

Esta imagen, obtenida con un filtro de color, muestra las "venas" de un queso azul, formadas por un hongo.

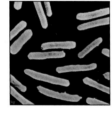

El yogur se fabrica añadiendo a la leche templada un tipo de bacterias llamadas lactobacilos.

La amenaza microscópica

Observa esta bacteria llamada *Salmonella*. Es nociva y contamina la comida que se deja destapada o se guarda demasiado tiempo. Puedes intoxicarte por tomar alimentos contaminados.

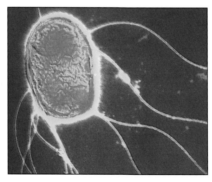

Una bacteria nociva, la Salmonella, aumentada 21.000 veces.

Más vale prevenir

Los fabricantes de alimentos emplean diversas técnicas para evitar que se contaminen. Por ejemplo, si se expone el producto a un frío o calor extremos, el número de posibles bacterias disminuye.

Al hervir líquidos a altas temperaturas se destruyen microbios.

La congelación evita que los microbios se multipliquen.

133 °C
-20 °C

Se utilizan microscopios para analizar alimentos hervidos o congelados y asegurarse de que están en buen estado.

Haz la prueba

Todos los alimentos contienen bacterias inofensivas. Con esta prueba observarás las bacterias de la harina. También puedes probar con leche o yogur.

¡ATENCIÓN!
▲No uses carne en este experimento.
▲Ten cuidado con el agua hirviendo.

1. Hierve 250 ml de agua, deja que se enfríe y mézclala con 10 g de harina. Al hervir se eliminan las bacterias del agua.

2. Con una cucharilla hervida y enfriada, pon unas gotas de la mezcla en una placa Petri llena de gelatina (página 32).

3. Tapa la placa y fíjala con cinta adhesiva. Ponle una etiqueta para identificarla y déjala en un lugar cálido unos días.

Sin abrir la placa, colócala bajo el microscopio y observa la gelatina. Si la harina contiene bacterias, verás colonias sobre la gelatina.

Cuando termines, mete la placa Petri en una bolsa de plástico y tírala a la basura bien cerrada. Luego lávate bien las manos.

EL MUNDO DE LOS INSECTOS

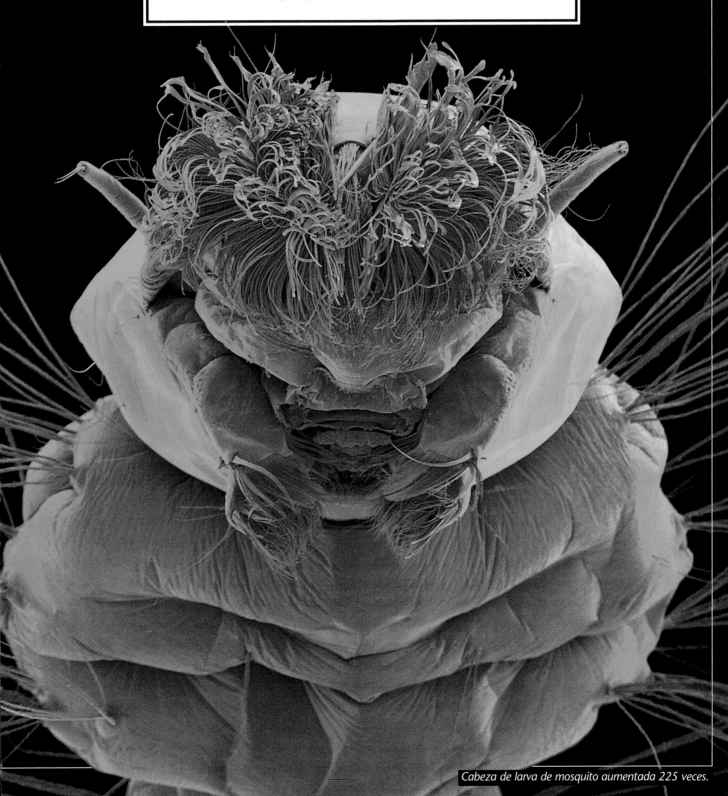

Cabeza de larva de mosquito aumentada 225 veces.

BICHOS, BICHOS...

Existen más de un millón de tipos de insectos. Entre todos, superan el número de los seres humanos en proporción de 200 millones a uno. El microscopio nos ayuda a entender cómo sus extraordinarios cuerpos les han convertido en los animales más numerosos del planeta.

Partes de un bicho

Todos los insectos tienen seis patas y un cuerpo dividido en tres secciones: la cabeza, el tórax y el abdomen. En esta foto de un pulgón negro, tomada con un microscopio electrónico, se ve la cabeza, el tórax y varias patas. Este insecto tiene alas, como la gran mayoría, pero hay otros que carecen de ellas.

La pulga del gato utiliza sus poderosas patas traseras para saltar sobre sus víctimas. Aquí tienes una aumentada 85 veces.

Tamaño real de la pulga del gato

Es genial ser pequeño

Como es tan pequeña, una pulga como la que ves arriba puede sobrevivir con poquísima comida. Se alimenta de la sangre que chupa de sus presas usando unas afiladas piezas bucales. Su forma alargada y estrecha le permite correr rápidamente por el pelo de su víctima.

El cuerpo de los insectos se divide en tres secciones.

Cabeza
Tórax
Abdomen

Este pulgón negro está aumentado 50 veces.

Vivo o muerto

Es difícil observar insectos vivos al microscopio porque no dejan de moverse. Los insectos muertos son más fáciles de estudiar y como encontrarlos también es fácil, no tienes que matar ningún insecto para observarlos.

Esta imagen coloreada, tomada con un microscopio electrónico, muestra el mosquito anófeles, que transmite el paludismo. Veamos las partes de un insecto típico.

La cabeza

Como ocurre con casi todos los seres vivos, por aquí es por donde el animal ve y come.

Los ojos del mosquito se han coloreado de verde en la imagen. Los ojos de los insectos están formados por cientos de lentes diminutas, y se denominan ojos compuestos.

Mediante las antenas que salen de la cabeza, el mosquito recibe sensaciones del exterior: el tacto, el olfato, y las vibraciones.

Los mosquitos se alimentan de la sangre que chupan de sus víctimas con un tubo largo y afilado llamado probóscide. En la imagen aparece en color rojo.

El tórax

Las patas y las alas salen del tórax, que es una región muy musculosa.

Las alas de los insectos son resistentes y ligeras. Una de las razones clave del éxito de los insectos es su capacidad para volar.

Los mosquitos viven en la superficie del agua. Sus patas, muy largas y delgadas, distribuyen muy bien el peso y les permiten caminar sobre el agua.

El abdomen

Aquí es donde los insectos digieren el alimento y donde se encuentran sus órganos reproductores.

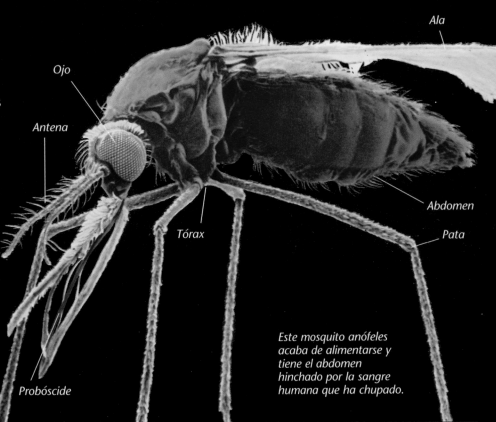

Ala

Ojo

Antena

Abdomen

Tórax

Pata

Probóscide

Este mosquito anófeles acaba de alimentarse y tiene el abdomen hinchado por la sangre humana que ha chupado.

Fíjate bien

Los insectos grandes, cuando están vivos, son muy difíciles de examinar al microscopio. Como se mueven constantemente, es difícil enfocar. Resulta más fácil observar insectos pequeños, como las hormigas, y aquí tienes un truco para conseguirlo.

1. Corta un trozo de cartón grueso del mismo tamaño que un portaobjetos (dibuja el contorno sobre el cartón).

2. Corta una ranura en el centro con un bisturí o un cuchillo afilado. Guarda el trocito que has recortado.

¡Atención!

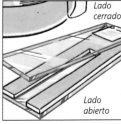

Lado cerrado

Lado abierto

3. Coloca el cartón que has preparado entre dos portaobjetos limpios. Asegura con cinta adhesiva el lado que va a quedar cerrado.

4. Utiliza el trozo que recortaste para que el insecto no se escape. Obsérvalo a baja potencia, iluminándolo desde arriba.

EN PRIMER PLANO

Con los órganos que poseen los insectos, desde las mandíbulas de una pulga al aguijón de una abeja, son capaces de sobrevivir en un mundo en el que la muerte puede llegar en cualquier instante. Los microscopios nos permiten estudiar estos diminutos órganos hasta el mínimo detalle.

La garra de una pulga, aumentada 520 veces.

Los ojos

Los insectos tienen los ojos más complejos de todo el reino animal. La mayoría poseen ojos compuestos, formados por cientos o miles de lentes distintas. Los ojos saltones de la mosca de la fruta que ves abajo le permiten ver hacia adelante, atrás y arriba al mismo tiempo. Si alguna vez has intentado cazar una mosca, ya sabrás lo efectivos que son estos ojos para captar el movimiento.

1. Fíjate en los ojos de la mosca. Están colocados a los lados de la cabeza y le permiten ver prácticamente en todas direcciones.

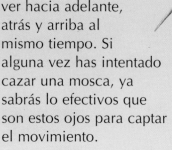

2. En primer plano puedes ver las distintas lentes que forman el ojo. Esta mosca tiene cientos de lentes pero hay insectos, como las libélulas, que tienen 30.000 lentes en cada ojo.

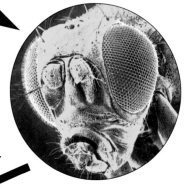

3. Aún más cerca. Fíjate en los pelillos diminutos que sobresalen: sirven para proteger el ojo de partículas microscópicas de polvo.

Garras

Muchos insectos tienen garras en las patas, pero pocas resultan tan siniestras como las de la pulga. Las largas puntas que ves arriba le permiten afianzarse a la piel del animal, y las más pequeñas evitan que se caiga mientras se alimenta.

Las pinzas que ves abajo pertenecen a una tijereta. Las utiliza para defenderse y para capturar presas.

Las pinzas de la tijereta están en su parte trasera en lugar de en la delantera.

¿Estás preparado?

¿Estás preparado?

Es probable que el insecto que quieras ver sea demasiado grande para verlo entero y tengas que separar las distintas partes que lo componen. Primero hay que ablandar el cuerpo en un tarro con agua hirviendo hasta la mitad, mezclada con 100 g de sosa para lavar.

¡Atención!

1. Pon el agua en el tarro y añade la sosa. Mete dentro el insecto y déjalo durante tres o cuatro días.

2. Saca el insecto con unas pinzas y enjuágalo bajo el grifo abierto a muy poca presión.

3. Con otras pinzas, arranca la parte del cuerpo que quieras ver al microscopio.

4. Colócala sobre un portaobjetos utilizando una aguja especial*. Si es posible, pon encima un cubreobjetos.

Maravillas con alas

Los vivos colores que ves en la imagen del pie de página son las diminutas escalas superpuestas que hay en el ala de una mariposa Priamus.

Mariposa Priamus

Muchas mariposas son venenosas y el colorido sirve de aviso a otros insectos para que no las devoren. Además, les sirve para encontrar pareja.

En esta imagen, tomada con microscopio electrónico, puedes ver las diminutas escalas del ala de una mariposa Priamus.

Boca aspiradora

La mosca que ves al pie de la página se alimenta echando un chorrito de saliva sobre la comida para convertirla en una masa pegajosa, que luego succiona con su boca esponjosa.

Los insectos tienen bocas diferentes, adaptadas al tipo de alimento que consumen.

La mariposa tiene un tubo muy largo, la espiritrompa, para succionar el néctar de las flores.

El saltamontes tiene una especie de tijeras con las que tritura la hierba.

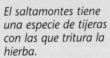

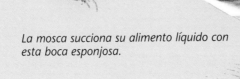

La mosca succiona su alimento líquido con esta boca esponjosa.

Consejos útiles

Aquí tienes algunos consejos útiles para observar partes de un insecto después de arrancarlas:

🐛 Las patas: ilumínalas desde arriba.

🐛 Los ojos: arranca la cabeza del insecto y ponla de lado sobre el portaobjetos.

🐛 Las alas: ilumínalas desde abajo.

🐛 Las alas de mariposa y de polilla son muy delicadas y no hay que empaparlas. Ilumínalas desde arriba.

*Mira la lista de material en la página 89.

FÍJATE BIEN

Donde hay agua, sea en un pequeño estanque o en un océano inmenso, habrá animales microscópicos. Algunos no cambian de tamaño, otros son crías recién nacidas de animales más grandes. Nacen millones de ellas porque muchas son devoradas antes de convertirse en adultos.

Este minúsculo animal rojo y blanco es un rotífero del Atlántico, y está aumentado 300 veces.

Minigambas

El organismo que ves abajo es un pariente en miniatura de la gamba y la langosta. Es tan pequeño que vive entre los granos de arena de las playas. Aquí está aumentada casi 300 veces.

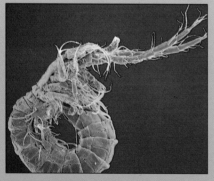

Este organismo, que parece una gamba, tiene el tamaño de un grano de arena.

Unicelulares

Este animal marino es un dinoflagelado. Es tan pequeño que lo forma una sola célula. Su larga cola lo mantiene estable en el agua, y para moverse agita los "brazos", o flagelos.

Un dinoflagelado unicelular

Dos bocas

El organismo que ves arriba es un rotífero, y habita los lagos y charcas de la Antártida. En la cabeza tiene dos juegos de pelillos ondulantes con los que arrastra plantas y animales más pequeños hasta sus dos bocas.

Pese a su diminuto tamaño, el rotífero se reproduce a un ritmo tan frenético que puede hacer que el fondo de un lago se vuelva rojo brillante.

Vuelta y vuelta

Esta técnica se basa en el uso de dos portaobjetos para poder ver una diminuta criatura acuática por ambos lados.

Puedes conseguir animales de este tipo de la misma manera que recoges algas (página 47).

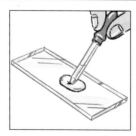

1. Pon unas cuantas gotas de agua con el organismo que deseas observar sobre un portaobjetos.

2. Con cuidado, coloca un palo de cerilla cuadrado a cada lado del portaobjetos, como muestra el dibujo.

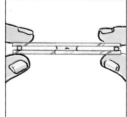

3. Pon otro portaobjetos encima, de forma que el agua quede entre los dos. Fíjalos con cinta adhesiva.

4. Si das la vuelta al portaobjetos con mucho cuidado, podrás ver el animal por ambos lados. Ilumínalo desde abajo.

La muerte en miniatura

La mayoría de las algas y animales microscópicos son devorados por otros animales pero no siempre el pez gordo se come al chico.

Vas a asistir a una lucha a muerte entre un *Didinium* y un paramecio, dos tipos de mini-organismos llamados protozoos. El primero es el más pequeño.

1. Ante el ataque del Didinium, el paramecio dispara unos hilos pegajosos para intentar ahuyentarlo.

2. Aunque el paramecio es casi el doble de grande que él, el Didinium consigue atraparlo con la boca.

3. El Didinium lucha para hacer girar a su presa y se prepara para tragársela entera.

4. Poco a poco, el paramecio desaparece en las fauces del Didinium, que lo digerirá muy lentamente.

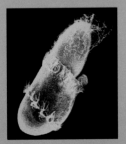

Los dos organismos que has visto en esta secuencia de fotografías están aumentados más de 200 veces.

Ventosas diminutas

Existen unos organismos llamados parásitos que no matan a sus presas, sino que se adhieren a ellas y chupan de sus cuerpos el alimento que necesitan.

Los que ves abajo son parásitos de los peces. Fíjate bien en el de la derecha y podrás ver un par de ventosas cerca de la boca, que le permiten adherirse al pez del que va a alimentarse.

Esta fotografía microscópica muestra dos parásitos de los peces aumentados ocho veces.

Crías de mosquito

Muchos de los diminutos seres acuáticos que existen son sólo crías de animales más grandes. Lo que ves aquí es una cría de mosquito. Los mosquitos ponen sus huevos en agua dulce, y las crías que nacen tienen esta forma. Se llaman pupas y no se parecen a los adultos.

Este ojo primitivo detecta movimiento. Si la pupa nota algún peligro, se sumerge inmediatamente.

A flote

La pupa flota bajo el agua y va creciendo y cambiando hasta que transcurridos unos días, sale de su envoltura convertida en un adulto.

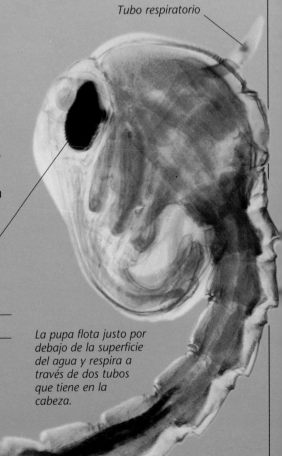

Tubo respiratorio

La pupa flota justo por debajo de la superficie del agua y respira a través de dos tubos que tiene en la cabeza.

INVITADOS MOLESTOS

Este ácaro del polvo, aumentado 250 veces, está subido en la punta de una aguja.

En tu casa viven infinidad de seres minúsculos. Hay colchones en los que viven más de un millón de insectos, y la mayoría son invisibles si no tenemos un microscopio. Muchos de ellos son inofensivos, pero hay algunos que pueden provocar infecciones y enfermedades.

Polvo eres...

Dentro de tu casa, el polvo se deposita en todas las superficies. En su mayor parte, está formado por escamas de piel humana que se desprenden de nuestro cuerpo continuamente.

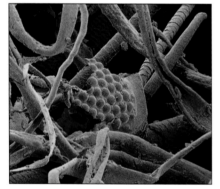

Fotografía coloreada de polvo doméstico tomada con un microscopio electrónico. Observa que hay piel, pelos, fibras de tejidos y, en el centro, los restos del ojo de un insecto.

Devoradores de polvo

Donde haya polvo, habrá ácaros del polvo. Estos parientes microscópicos de las arañas y los escorpiones se alimentan de escamas de piel humana.

Los ácaros del polvo son casi imposibles de destruir. Aunque pasaras la aspiradora durante 20 minutos por una alfombra pequeña, sólo eliminarías el 2% de los ácaros que contiene.

El detective

Resulta muy fácil recoger muestras de diferentes tipos de polvo y observarlas al microscopio.

Te sorprenderá saber que los ingredientes de las muestras varían según el lugar en el que las recojas.

1. Recoge en un portaobjetos una muestra de polvo del alféizar de una ventana de tu casa.

2. Coloca encima un cubreobjetos y aplica iluminación superior para examinarla al microscopio.

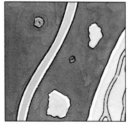

3. Intenta reconocer en el polvo algunos de los restos que aparecen en estas páginas.

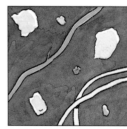

4. Busca escamas de piel y restos de papel o ropa. Si vives en una ciudad, busca partículas de hollín.

La amenaza

Una de las plagas más peligrosas en el hogar es la mosca doméstica. Estos insectos se posan en los alimentos, y al comer van dejando un rastro de gérmenes y huevos. Observa, en la imagen de la derecha, a una mosca poniendo un huevo.

Pasto de las larvas

Las moscas ponen sus huevos donde hay mucha comida, para que las larvas dispongan de alimento nada más nacer.

La larva que ves abajo está comiendo carne cruda del mismo modo que la mosca adulta: rocía la comida con saliva para ablandarla y luego succiona el líquido.

Una mosca poniendo un huevo.

Esta larva de mosca se convertirá en adulta dentro de dos o tres días.

La boca, afilada como una aguja, atraviesa la piel y chupa la sangre.

¡Más madera!

La carcoma que ves aquí es un tipo de escarabajo que se alimenta de madera. Cuando come, excava túneles y agujeros diminutos, en los que anida. Pueden destruir los muebles y el parqué, e incluso las vigas de una casa.

Foto coloreada de una carcoma aumentada 25 veces con un microscopio electrónico.

Los chinches y sus excrementos provocan muchísimas alergias.

Que no te chinchen...

Los repulsivos chinches, como el de abajo, viven en los colchones y en las almohadas. Perforan la piel humana y se alimentan de sangre, lo que provoca un picor nada agradable.

Cabeza de un chinche aumentada casi 100 veces.

Este tubo forma parte de la boca del chinche.

NUESTROS INQUILINOS

N o sólo nuestras casas sirven de guarida para miles de criaturas diminutas, a veces también nuestros cuerpos. Muchas de ellas son tan minúsculas que sólo pueden verse al microscopio, y algunas causan enfermedades, incomodidades e incluso la muerte.

Estos organismos viven en el cuerpo humano.

¡Al abordaje!

Los dos monstruos que ves abajo son piojos y viven en el pelo de las personas. Chupan la sangre de sus víctimas cinco veces al día, y causan un fuerte picor e incluso heridas. Los piojos se contagian por contacto físico, y también al compartir cama o ropa.

Por un tubo

Esos seres verdes que ves arriba viven en los tubos que forman los intestinos de los seres humanos. Se llaman lamblias y penetran en nosotros al ingerir comida o agua infectada.

La lamblia se alimenta de la comida que pasa por el tubo digestivo, y se fija a las paredes de los intestinos con unas ventosas.

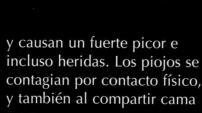

Un piojo adulto

Ventosa

No es justo

La lamblia disfruta de un suministro constante de comida sin peligro alguno, pero las personas que las tienen pueden sufrir fuertes dolores de estómago, diarrea y vómitos.

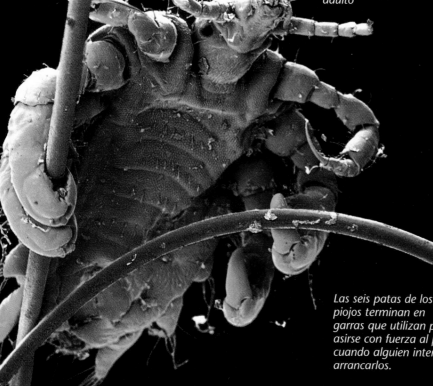

Las seis patas de los piojos terminan en garras que utilizan para asirse con fuerza al pelo cuando alguien intenta arrancarlos.

Estos piojos están aumentados casi 70 veces. Viven en el pelo de las personas.

Una cría de piojo

Perforadores de la piel

Estos huevos han sido puestos bajo la piel por un arador de la sarna. Es un ácaro que hace un agujero en la piel y pone huevos bajo la superficie. Luego se convierten en larvas, crías parecidas a los gusanos.

Piezas bucales de una garrapata aumentadas unas 350 veces. La parte inferior perfora la piel y la parte superior chupa la sangre.

Huevos del arador de la sarna depositados en la piel humana.

A medida que las larvas excavan la piel, el cuerpo segrega unos líquidos para intentar reparar los daños. Las larvas se alimentan de esos líquidos.

Las temibles garrapatas

La garrapata que ves a la derecha se alimenta de sangre humana. Casi todos los organismos que chupan sangre se alimentan durante unas horas y luego se marchan, pero la garrapata se queda varios días. Se hincha con la sangre y puede aumentar hasta 200 veces su peso normal.

Una garrapata hinchada vista con un microscopio electrónico. Una comida así de opípara puede mantenerla satisfecha varios años.

Chupasangres

Las piezas bucales de las garrapatas tienen dos partes. El extremo de la mandíbula inferior sirve para perforar la piel y está provisto de bordes dentados que se agarran con gran firmeza a su víctima, por lo que resulta muy difícil arrancar las garrapatas de la piel. La parte superior sirve para chupar la sangre.

La garrapata infecta a sus víctimas con la enfermedad de Lyme, que provoca fiebre y una dolorosa hinchazón en brazos y piernas.

DEVORADORES DE PLANTAS

Muchos insectos son inofensivos, pero otros causan enormes daños a las plantas y los denominamos plagas. Veamos unos cuantos ejemplos.

El vampiro vegetariano

Este pulgón del rosal que ves abajo chupa la savia de los capullos y los tallos de la planta. En suficiente número, pueden marchitar la planta y luego marcharse en busca de otra víctima.

Zampamaderas

Un barrenillo caminando sobre un trozo de madera. Está aumentado 12 veces.

El barrenillo roe la corteza de los árboles para alimentarse de la madera más blanda que hay debajo. Puede dañar seriamente la estructura del árbol.

Este tipo de escarabajo pone sus huevos en los árboles. Al nacer, las crías excavan túneles aún más profundos. Si un árbol se llena de estos bichos, puede llegar a secarse.

Un joven pulgón del rosal en pleno festín. En esta imagen coloreada, tomada con un microscopio electrónico, está aumentado 90 veces.

Traga trigo

El increíble monstruo que ves abajo es un gorgojo, saliendo de un grano de trigo que está devorando. Su larga trompa termina en unas afiladas fauces que rompen la cáscara del grano para llegar al nutritivo centro.

El gorgojo adulto pone huevos en el grano para que su descendencia disponga de alimento nada más nacer.

Imagen tomada con un microscopio electrónico, que muestra un gorgojo saliendo de un grano de trigo. El gorgojo es un tipo de escarabajo.

El gorgojo puede afectar tanto a cosechas como a graneros. Antiguamente estos insecto podían provocar hambrunas pero hoy, en muchas partes del mundo, los pesticidas químicos y los modernos métodos de almacenaje los mantienen bajo control.

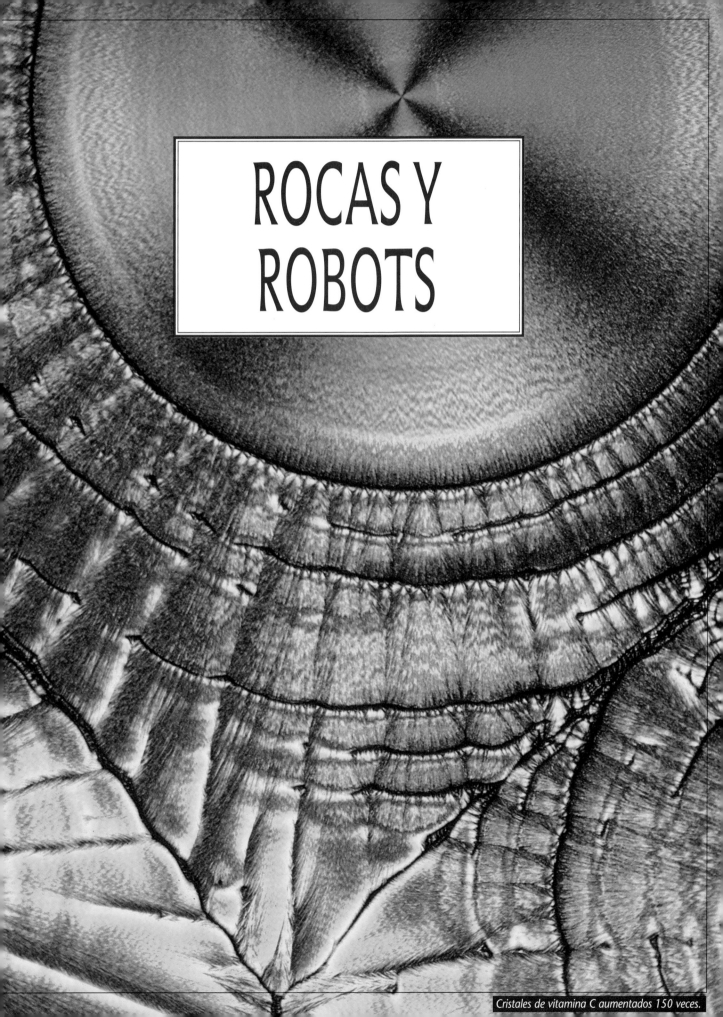

ROCAS Y ROBOTS

ARENA Y ROCAS

Las rocas están hechas de minerales, unas sustancias que se forman bajo la superficie de la Tierra. Al examinar muestras de arena y rocas al microscopio, los científicos pueden identificar los minerales que contienen y descubrir cómo se formaron.

Granos de arena

Lo que ves a la derecha no son rocas, sino simples granos de arena aumentados 100 veces. La arena está hecha de fragmentos microscópicos de rocas más grandes que se han desgastado poco a poco por el efecto del viento, la lluvia y el agua.

La mayoría de los granos de arena de la foto son partículas diminutas de un mineral llamado cuarzo. La forma de los granos depende del lugar donde se encuentra la arena.

Granos de arena vistos al microscopio electrónico.

Distintas formas

El microscopio nos muestra que la arena recogida en las dunas del desierto es de grano fino. Esto se debe a que el viento hace que los granos rocen constantemente unos con otros.

En la playa, los granos son también bastante finos, porque el movimiento del mar provoca el rozamiento y el desgaste, llamado erosión.

Los que se encuentran en el lecho de los ríos suelen ser puntiagudos e irregulares, porque se han desprendido recientemente de las rocas y aún no se han desgastado.

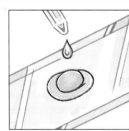

Desierto   Playa   Río

Examina una piedra

Las piedras pequeñas y planas son las mejores para ver al microscopio, porque es fácil colocarlas bajo el objetivo.

¡ATENCIÓN!
Enfoca con mucho cuidado y no golpees el objetivo contra la piedra. Podrías dañar la lente.

1. Lava bien las piedras para eliminar el polvo y la suciedad que pudieran tener en la superficie.

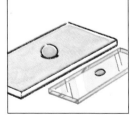

2. Puedes colocar las pequeñas sobre un portaobjetos y las grandes en un trozo de cartón rígido.

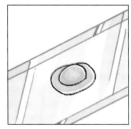

3. Fija la piedra con un poco de arcilla y pon la parte más plana hacia arriba. Así es más fácil enfocarla.

4. Moja la superficie de la piedra con un cuentagotas para ver mejor los detalles. Ilumina desde arriba.

A pulir

Podrás ver más detalles de las piedras si pules bien su superficie. Busca una piedra algo más grande y dura que la piedra que vas a pulir, para que pueda rascarla bien.

1. Humedece tu piedra y frótala contra la piedra algo más grande con un movimiento circular.

2. Sigue frotándola, humedeciéndola continuamente. Mírala de vez en cuando para ver cómo va.

3. Si quieres pulirla aún más, sírvete de un papel de lija muy fino. Ponlo sobre una superficie plana.

4. Frota la piedra contra el papel de lija, haciendo círculos. No olvides humedecer la piedra.

De arena a piedra

Abajo puedes ver el corte transversal de una roca arenisca. Observa los granos de arena de cuarzo unidos por barro y arcilla, que en la imagen se ven como manchas oscuras.

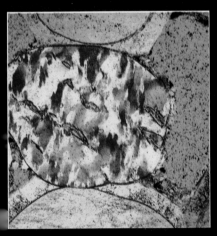

Corte transversal de una roca arenisca aumentada 120 veces. Lo que ves en verde es resina, inyectada en la roca para que no se rompa al hacer el corte.

La arenisca es un tipo de roca llamada roca sedimentaria. Se forma con los años, a partir de capas de partículas (como la arena) que se acumulan en el fondo de mares y lagos. Estas capas se hacen muy pesadas y aplastan las capas inferiores convirtiéndolas en roca.

Un mosaico mineral

Fíjate bien en esta sección de una roca llamada granito. Está formada por diferentes minerales unidos como en un mosaico. Las formas aplanadas que ves se llaman cristales.

El granito es un tipo de roca llamada roca ígnea. Se forma cuando se enfría la roca líquida que sale de las entrañas de la Tierra, con la lava que expulsan los volcanes en erupción.

Corte transversal de una roca de granito aumentada 16 veces. La imagen se ha tomado con luz polarizada, lo que hace que los minerales se vean de distintos colores.

MICROFÓSILES

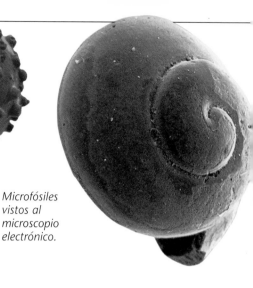

Algunos tipos de rocas contienen restos de plantas y animales minúsculos que vivieron en los mares y océanos hace millones de años. Muchos de estos restos sólo pueden verse al microscopio, por lo que se llaman microfósiles.

Microfósiles vistos al microscopio electrónico.

Seres diminutos

Observa a la derecha el corte transversal de una roca caliza, vista con luz polarizada*. Las estructuras grandes de color rosado son restos de unos diminutos seres marinos llamados foraminíferos.

Esqueletos triturados

La roca que los rodea está formada por esqueletos triturados de otros seres aún más pequeños. Los científicos que estudian las rocas, llamados geólogos, calculan que estos seres tienen entre 37 y 54 millones de años.

Conchas de seres microscópicos en una sección de roca caliza aumentada 20 veces.

Petrificadas

Cuando los foraminíferos y otros seres diminutos mueren, se depositan en el lecho marino y allí quedan atrapados entre otras partículas, llamadas sedimentos. Durante millones de años, esos sedimentos se van convirtiendo en roca.

Cambios químicos

Al formarse la roca, la enorme presión de las capas de sedimentos que tienen encima provoca ciertos cambios químicos en los cuerpos de los seres atrapados, y sus conchas se convierten en fósiles.

Encuentra fósiles

Tú también puedes buscar microfósiles en trozos de roca sedimentaria como la caliza.

Este método te enseña a dividir las rocas en partículas, sólo con tenerlas a remojo varios días en vinagre.

1. Echa unos trocitos de roca en un tarro con vinagre hasta que se deshagan y parezcan lodo.

2. Agita un poco el tarro y, con mucho cuidado, tira el líquido dejando las partes sólidas en el fondo.

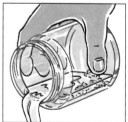

3. Añade agua limpia y repite el paso 2. Hazlo varias veces hasta que el agua que tiras salga limpia.

4. Observa los fragmentos sólidos que queden. Si tienes suerte, verás algún microfósil.

*Si quieres saber más sobre la luz polarizada, lee las páginas 69 y 92.

Bacterias fosilizadas

Además de los fósiles de criaturas marinas, los geólogos han encontrado bacterias petrificadas.

Primeras formas de vida

Algunas de estas bacterias se cuentan entre las primeras formas de vida en la Tierra. Las más antiguas tienen casi 3.500 millones de años.

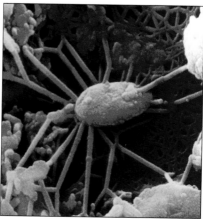

Bacteria fosilizada (centro) y organismos marinos en una roca.

Arriba y abajo tienes dos ejemplos de bacterias fosilizadas. Se encontraron en muestras de roca a gran profundidad bajo el lecho oceánico.

Esta bacteria fosilizada tiene casi 10 millones de años. Está aumentada 12.500 veces.

Un microfósil aumentado 135 veces.

Combustibles fósiles

El petróleo y el gas se llaman combustibles fósiles porque están hechos con los restos de microfósiles como los que ves aquí. Los cuerpos de estas criaturas marinas se convierten con el tiempo en petróleo y gas, que se filtra a través de la roca y se acumula en grandes bolsas.

En busca de petróleo

Los geólogos que trabajan para las compañías petrolíferas utilizan microscopios para buscar microfósiles en las rocas. Al analizar las muestras, la aparición de microfósiles significa que puede haber petróleo cerca, con lo que se explora la zona más concienzudamente.

¿Hay vida en Marte?

En 1984 se descubrió en la Antártida una roca procedente del planeta Marte. El microscopio electrónico reveló gran cantidad de estructuras con forma de tubo (en rosa) sobre la superficie de la roca.

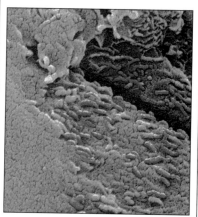

Estas estructuras, parecidas a las bacterias, son 100 veces más finas que un pelo humano.

Algunos científicos opinan que son microfósiles de organismos que habitaron Marte. Otros piensan que bacterias terrestres contaminaron la roca al impactar contra la Tierra.

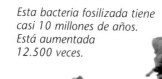

LOS CRISTALES

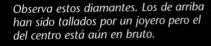

Desde la sal a los diamantes, en la naturaleza hay muchas cosas formadas por ciertas estructuras llamadas cristales. Si los miramos al microscopio vemos que la mayoría poseen caras planas y algunos tienen dibujos y colores espectaculares.

Observa estos diamantes. Los de arriba han sido tallados por un joyero pero el del centro está aún en bruto.

Formas cristalizadas

Las formas cúbicas que ves abajo son cristales de sal vistos al microscopio electrónico. Como la mayoría de los cristales, están formados por caras regulares y planas.

Los cristales se diferencian por su forma y por el número de caras que tienen. Observa, por ejemplo, que todos los tipos de cristales que aparecen en estas páginas tienen formas distintas.

Fíjate en la sal

Si miras al microscopio cristales de sal de mesa, verás que sus caras son cuadradas y planas, pero observarás que algunos tienen las esquinas redondeadas.

Esto se debe a que, en las industrias en que se procesa, la sal de mesa tiene que pasar por varias cubas enormes. Como los cristales rozan unos con otros, las esquinas y bordes se acaban redondeando.

Diamantes para la eternidad

Los diamantes se encuentran en una roca llamada kimberlita. Son los minerales más duros que hay y se utilizan para fabricar herramientas como este torno de dentista.

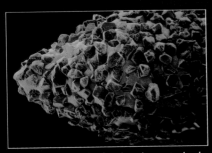

Con este torno de dentista incrustado de diamante se puede hacer un agujero limpio en la superficie de un diente. Está aumentado 75 veces.

Los expertos utilizan microscopios para calcular el valor de los diamantes. Los más caros, como los que ves en la parte superior de la página, son incoloros y no tienen defectos, como ocurre con otros minerales. Se tallan para fabricar joyas.

Cristales de sal aumentados 840 veces con un microscopio electrónico.

Los cristales de azúcar fina
que ves abajo están vistos con
un microscopio de luz
polarizada. Utiliza un tipo de
luz muy especial que, al
atravesar los cristales, se
descompone en distintos
colores, como el arco iris. Así
es más fácil distinguir los
cristales.

Cristales incoloros

Hay muchos cristales
que resultan difíciles de
ver con un microscopio
normal, porque no
tienen color. Es mucho
más fácil verlos con un
microscopio de luz
polarizada.

Cristales de roca vistos con un microscopio de luz polarizada y aumentados 15 veces. Para ver una roca con este método, se corta una sección tan fina que deja pasar la luz.

Las rocas están hechas de
cristales de minerales. Arriba
puedes distinguir los distintos
cristales de una muestra de
roca gracias al microscopio
de luz polarizada.

Estos colores ayudan a los
geólogos a identificar las rocas.
También pueden servir para
identificar minerales valiosos
como el oro o para comprobar
si contienen combustibles.

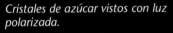

Cristales de azúcar vistos con luz polarizada.

Luz polarizada

En tu microscopio
también puedes ver
muestras de cristales
con luz polarizada. Te
harán falta las lentes
polaroides de unas
gafas de sol de plástico
(las grises son las
mejores). Prueba con
granos de azúcar y
verás muchos colores
interesantes.

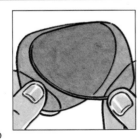

1. Saca las lentes de
la montura. Coloca
una encima de la otra,
tal y como ves en el
dibujo.

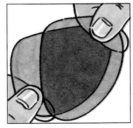

2. Gira la lente de
arriba 90º. Verás que
se ponen más oscuras.
Déjalas en esta
posición.

3. Con cinta adhesiva,
pega una de las lentes
bajo la platina del
microscopio, como
indica el dibujo.

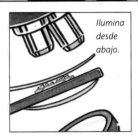

*Ilumina
desde
abajo.*

4. Coloca la otra lente
encima de los cristales.
El ángulo de las lentes
debe ser el mismo que
ensayaste en el paso 2.

MÁS CRISTALES

Es muy fácil distinguir los cristales de sal y de azúcar, pero los cristales de las sustancias que verás a continuación son mucho más difíciles de ver... a no ser que usemos luz polarizada*.

Figuras caleidoscópicas

Las increíbles figuras que ves a la derecha son cristales del analgésico llamado aspirina, vistos con un microscopio de luz polarizada. La aspirina se ha disuelto en un líquido y se ha dejado secar, dejando visibles los cristales. Todos los cristales que hay en estas páginas se han obtenido así.

Los distintos cristales crean figuras distintas bajo la luz polarizada, lo cual ayuda a los científicos a identificar las sustancias que están examinando.

Cristales de paracetamol

A la izquierda, por ejemplo, vemos cristales de paracetamol, otro medicamento contra el dolor. Observa que las figuras que forma son muy diferentes a las de la aspirina. Esto se debe a que está hecho de una sustancia química distinta.

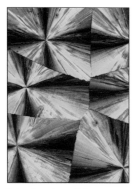
Cristales de salicina

Estos cristales son de un tipo de azúcar llamada salicina, que se encuentra en la corteza de los sauces. Las figuras que forman los cristales de salicina son parecidas a las de la aspirina porque esta última contiene una sustancia química extraída de la salicina del sauce.

Cristales de aspirina aumentados 50 veces con un microscopio de luz polarizada.

*Lee la página 69 si quieres saber más sobre la luz polarizada.

Soluciones cristalinas

La mayoría de los cristales que ves aquí se han obtenido a partir de medicamentos o de sustancias químicas difíciles de conseguir, pero puedes hacer tus propios cristales a partir de sustancias inofensivas y muy fáciles de conseguir.

Abajo, por ejemplo, tienes cristales de glucosa vistos con luz polarizada. Al final de la página se explica el método utilizado para obtenerlos.

Los cristales de glucosa pueden producir efectos muy interesantes bajo la luz polarizada. Aquí se han aumentado 190 veces.

Arte y ciencia

Observa estos cristales. Son de un medicamento contra el cáncer llamado taxol y están aumentados 60 veces con un microscopio de luz polarizada. Además de permitirnos ver la estructura del medicamento, casi forman una obra de arte.

Con la luz polarizada y los cristales pueden lograrse resultados espectaculares. Algunos aficionados experimentan con distintos ingredientes y con diferentes métodos de obtención de cristales para crear sus propias obras de arte.

Por ejemplo, es posible variar el tamaño de los cristales: con sólo secar la muestra rápidamente en un radiador se pueden obtener cristales más pequeños. Si la dejas secar más despacio, se formarán cristales más grandes.

Fabrica cristales

Con este método podrás obtener cristales de glucosa o dextrosa para verlos con luz polarizada (página 69).

Te hará falta una tableta de glucosa o de dextrosa, que podrás comprar en la farmacia.

1. Pon una cucharadita de agua templada en un vaso. Echa una tableta y remueve hasta que se disuelva.

2. Con una varilla de vidrio, extiende unas gotas de la solución de glucosa o dextrosa en un portaobjetos.

3. Deja que se seque a temperatura ambiente o acerca una luz al portaobjetos para que se seque rápidamente.

4. Observa los cristales utilizando luz polarizada. Si tienes suerte, podrás ver unos colores preciosos.

METALOGRAFÍA

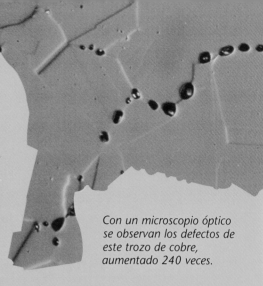

Aunque las superficies metálicas nos parezcan lisas y suaves, están formadas por minúsculos cristales desiguales. Con el microscopio se detectan los defectos en la estructura de los metales de uso industrial que podrían causar accidentes.

Con un microscopio óptico se observan los defectos de este trozo de cobre, aumentado 240 veces.

¿Qué metal es?

En la imagen de abajo se observa una sección de dos tipos de metal unidos.

En la parte inferior hay un fragmento de hierro. Está formado por diminutos cristales muy compactos, cuyos bordes son rectos y fáciles de distinguir.

En la parte superior tenemos un fragmento de acero. Éste se obtiene al mezclar el hierro con una sustancia llamada carbono, que lo hace más fuerte. Las mezclas de metales se denominan aleaciones. Observa que, en el caso del acero, la estructura de los cristales no es tan regular como la del hierro.

La prueba del tubo

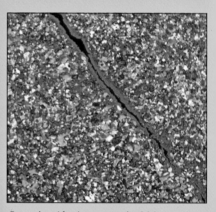

Esta aleación (aumentada 200 veces) se resquebrajó durante unas pruebas para determinar cuánta presión podía soportar.

Cuando se diseñan máquinas nuevas, los ingenieros industriales prueban distintos metales para encontrar el más adecuado. La aleación que ves arriba se utilizó en un tubo para una máquina de una fábrica.

El tubo, diseñado para transportar líquidos a gran presión y temperatura, estaba hecho de una aleación de tres metales y se rompió durante las pruebas. El microscopio reveló que algunos de los cristales se habían desgarrado, por lo que suponía un riesgo seguir fabricándolo en la misma aleación.

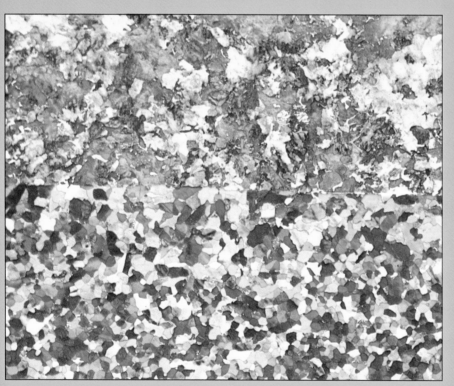

Hierro y acero aumentados más de 140 veces con un microscopio óptico. Los colores son tintes que hacen que podamos ver mejor los detalles.

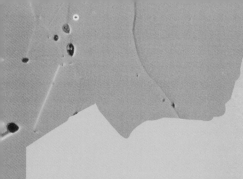

Cuentas negras

A veces los científicos tienen que investigar los metales para averiguar la causa de los accidentes. Las manchas negras que se ven arriba son en realidad agujeros diminutos formados a lo largo de los cristales de un fragmento de cobre sometido al calor.

¡Vaya explosión!

Ese cobre se utilizó para fabricar piezas de fusibles que se instalaron en una central eléctrica. Los agujeros del cobre debilitaron los fusibles y se produjo una explosión.

Unión de metales

Los ingenieros industriales usan microscopios cuando prueban diferentes métodos para unir metales. Por ejemplo, observa a la derecha un fragmento de acero unido a otro de latón con un método llamado soldadura explosiva.

¡Vaya oleaje!

Los fragmentos se hicieron chocar entre sí. El choque fue tan fuerte que los metales actuaron como si fueran líquidos, formando las olas que ves aquí. La unión se examinó con un microscopio para comprobar que no había grietas que pudieran causar una rotura.

Unión entre acero (en amarillo grisáceo) y latón (marrón), aumentada 40 veces con un microscopio óptico.

Marcas con diamantes

Abajo puedes ver al microscopio óptico una serie de marcas realizadas en una superficie de metal.

Las marcas se han realizado con un microscopio especial que los ingenieros industriales utilizan para medir la dureza de un metal, y que tiene un diamante con forma de pirámide frente al objetivo.

El diamante realiza una marca en el metal con una fuerza determinada y constante. Al medir la profundidad de esa marca se puede averiguar la dureza del metal.

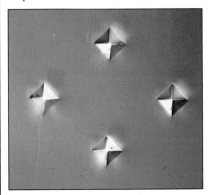

Fragmento de metal marcado durante unas pruebas para determinar su dureza.

MICROMÁQUINAS

Una de las posibilidades más interesantes de la ciencia es la de fabricar máquinas cada vez más pequeñas. Los ordenadores ya utilizan unas máquinas en miniatura llamadas chips, y en los próximos diez años veremos en acción otros tipos de micromáquinas.

Esta micromáquina, aumentada 600 veces, controla el airbag de un coche.

Chips

Las fotos que ves abajo y a la derecha muestran los minúsculos circuitos electrónicos de un chip. Los chips están presentes en todos los ordenadores, controlando su funcionamiento y almacenando información. Los cables que ves alrededor sirven para conectarlos a otros chips del ordenador.

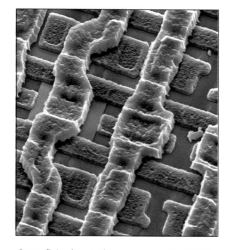

Superficie de un chip aumentada 3.100 veces. Las manchas naranjas son partículas de polvo.

Como los chips son tan pequeños, los ordenadores pueden almacenar muchísima información, y además trabajan muy rápido porque los mensajes eléctricos entre distintos chips atraviesan distancias muy cortas.

Hoy en día, las micromáquinas más comunes son los chips de los ordenadores.

Estos chips de ordenador están fabricados en un material duro y a la vez flexible, llamado silicona.

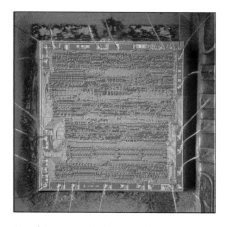

Un chip aumentado unas siete veces.

Detector de accidentes

Arriba tienes otro tipo de micromáquina, llamada acelerómetro, que tiene sólo 3 milímetros de ancho. Controla el airbag de un coche.

Dientes que vibran

En caso de accidente, un coche puede acelerar o detenerse muy rápidamente. Cuando esto ocurre, los dientes intercalados que ves arriba vibran a gran velocidad y generan una señal eléctrica, que hace que el airbag se hinche.

El airbag está escondido en el volante.

Cuando hay un accidente se hincha instantáneamente.

Micro motores

Abajo puedes ver la imagen obtenida por un microscopio electrónico de un diminuto motor eléctrico integrado en una placa de silicona.

La diminuta rueda de color amarillo mueve la grande a una velocidad de una vuelta completa por segundo.

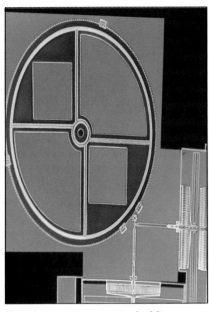

Un micro motor aumentado 28 veces. Las minúsculas ruedas son más pequeñas que el grosor de un pelo humano.

La tecnología que permite crear estas micromáquinas tendrá otras aplicaciones en el futuro. Por ejemplo, podría servir para controlar una bomba minúscula dentro del cuerpo humano, que liberaría la dosis correcta de un medicamento en la sangre a intervalos regulares.

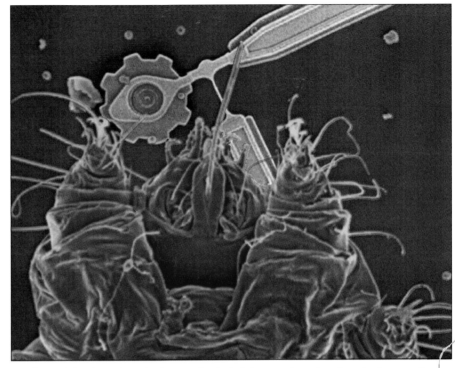

Un ácaro del polvo, visto al microscopio electrónico, caminando sobre el mismo motor que ves a la izquierda. A simple vista, el ácaro es casi invisible.

¡Qué cochazo!

Este coche, que funciona perfectamente, fue construido por Toyota en 1997 para celebrar el 60 aniversario de la marca. Mide menos de 5 milímetros y demuestra que es posible fabricar máquinas en miniatura muy precisas y complejas.

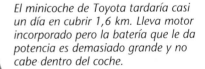

El minicoche de Toyota tardaría casi un día en cubrir 1,6 km. Lleva motor incorporado pero la batería que le da potencia es demasiado grande y no cabe dentro del coche.

NANOTECNOLOGÍA

Los científicos pueden tomar átomos aislados y moléculas (grupos de átomos) y moverlos a su antojo, lo cual quiere decir que en el futuro será posible construir máquinas tan pequeñas que resultarán invisibles a simple vista. Esta rama de la ciencia se llama nanotecnología.

Punta de un microscopio de efecto túnel aumentada 2.300 veces.

Punta diminuta

Los átomos pueden recogerse con la punta de un tipo de microscopio electrónico llamado microscopio de efecto túnel. Observa una de esas puntas en la imagen superior.

La punta del microscopio sólo opera en el vacío, cuando no hay aire ni ningún otro gas alrededor.

Átomos en movimiento

La secuencia fotográfica que ves abajo muestra un grupo de moléculas manipuladas con este avanzado microscopio para formar una agrupación distinta. El círculo de átomos que resulta no existiría de forma natural.

Minimundo

Los átomos son las partículas que forman cualquier sustancia. Son tan diminutos que en una cabeza de alfiler cabrían 15 millones de ellos.

Máquinas atómicas

Una vez perfeccionada la técnica de manipulación de los átomos, los científicos serán capaces de construir estructuras más complejas.

Hoy por hoy, la rueda de átomos que ves a la izquierda existe sólo en ordenador. Cada bolita representa un átomo. Un día se podrán construir componentes como éste, que servirán para fabricar máquinas en miniatura, como motores y robots.

Imagen generada por ordenador de una rueda formada por átomos.

Las moléculas que ves aquí están siendo manipuladas con la punta de un microscopio de efecto túnel para formar un círculo.

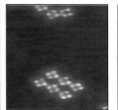
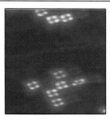
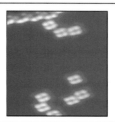
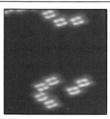
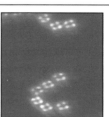
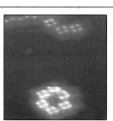

Arte atómico

Las imágenes que ves en esta página están tomadas con un microscopio electrónico. Observa el tipo de cosas que los investigadores han logrado hacer con átomos.

Los científicos de la empresa electrónica IBM reprodujeron el logotipo de la compañía utilizando átomos de un gas llamado xenón.

Cada montículo es un átomo.

En la foto de abajo se lee "átomo" en japonés. Es otra obra de los científicos de IBM, realizada con átomos de hierro sobre fondo de cobre.

El ábaco de átomos

En la foto coloreada que ves abajo a la derecha, tomada con un microscopio electrónico, se observa un ábaco que utiliza moléculas a modo de cuentas.

Bolas de carbono

Cada cuenta está formada por 60 átomos de carbono colocados sobre estrías marcadas en una superficie de cobre.

Con la punta de un microscopio de efecto túnel se pueden mover las cuentas por las estrías.

Un ábaco de moléculas mostrando los números del 1 al 10. Cada cuenta mide menos de un nanómetro (una millonésima de milímetro) de diámetro.

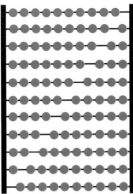

Representación gráfica de un ábaco de verdad con los números del 1 al 10, tal como se ve abajo con moléculas.

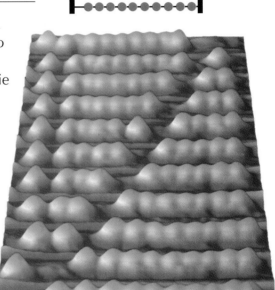

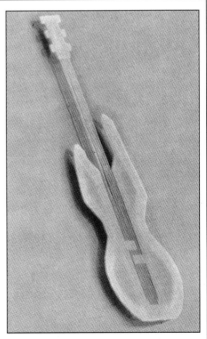

"Átomo" en japonés... escrito con átomos.

Una guitarra de cristal

Esta guitarra es de cristal de silicona, el material que se usa para fabricar microchips, y mide más o menos lo mismo que una célula humana. Tiene seis cuerdas cuyo diámetro equivale a una milésima del de un pelo humano.

¿Vale la pena?

Se construyen cosas de este tipo para investigar los problemas que surgirían al construir máquinas tan pequeñas y complicadas.

Esta guitarra se hizo en la Universidad de Cornell, Nueva York, en 1996.

¿UN NANOFUTURO?

Las actuales investigaciones en nanotecnología apuntan a proyectos que fácilmente podrían hacerse realidad.

Ya se está poniendo a prueba la posibilidad de crear chips para ordenador mucho más pequeños que los que se utilizan ahora.

Otras áreas de investigación incluyen la construcción de naves espaciales más ligeras (que gastarían menos combustible), aparatos para sordos insertados en el oído, y componentes diminutos para ingenios militares como los miniaviones espía.

¿Y mañana?

Los entusiastas de la nanotecnología defienden las increíbles posibilidades de esta nueva ciencia para el futuro. Auguran la invención de nanomáquinas a la vez complejas y diminutas, como el minúsculo ingenio que aparece en la ilustración de abajo.

Imitación de la naturaleza

Algunos científicos opinan que, si pudieran entender el funcionamiento de la naturaleza a nivel microscópico, serían capaces de copiarla. Esto significaría que las nanomáquinas podrían usar ingredientes básicos como el aire, el agua o la tierra para reproducirse, igual que hacen las plantas.

Sin pasarse...

Pero la mayoría no están tan seguros y opinan que será imposible fabricar máquinas tan diminutas. Comparan las predicciones más extremas de la nanotecnología con los fantásticos sueños de algunos científicos de los años 60, que pensaron que pronto sería posible colonizar otros planetas o inventar ordenadores que pensaran como seres humanos.

Descontrol

Los más pesimistas opinan que las nanomáquinas podrían llegar a reproducirse según su propia voluntad, escapando a nuestro control. Resulta francamente terrorífico pensar que las nanomáquinas podrían extenderse como un cáncer y destruirlo todo a su paso.

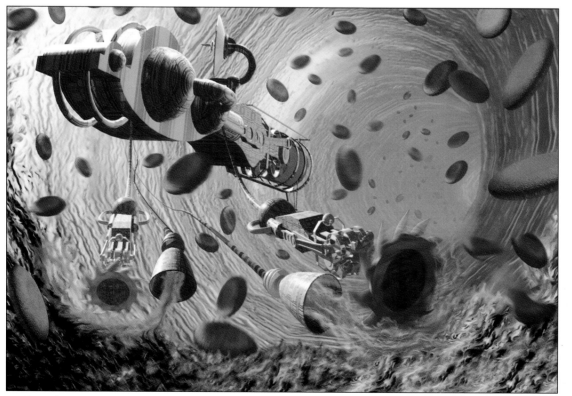

Visión artística de un tipo de nanomáquina que podría construirse en el futuro. Una especie de submarino en miniatura limpia una arteria humana de coágulos de sangre (en verde).

PASADO Y PRESENTE

Reproducción de un microscopio del siglo XVII

PRIMEROS PASOS

Los científicos comenzaron a construir microscopios a principios del siglo XVII. No podemos hablar de un inventor, pues aparecieron varios tipos a la vez. Con los primeros diseños, que eran bastante básicos, ya se realizaron importantes descubrimientos.

El libro de Hooke

El dibujo de abajo, que muestra los pelos urticantes de una ortiga, fue realizado por un científico inglés llamado Robert Hooke. La ilustración se publicó en 1665, en un libro llamado *Micrographia* que contenía dibujos de especímenes que había observado al microscopio, tales como piojos, células vegetales, hongos y copos de nieve.

Abajo tienes otro dibujo de Hooke, que muestra la estructura del corcho. Gracias al microscopio descubrió las diminutas células que componen las plantas y los animales.

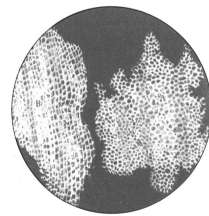

Células de corcho dibujadas por Robert Hooke. Fue el primer científico que utilizó la palabra "célula" para describir las unidades que forman los seres vivos.

El dibujo de esta pulga, obra de Hooke, es casi tan preciso como la imagen tomada con microscopio electrónico (página 52).

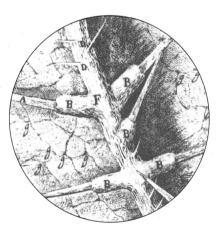

Detalle de un grabado de Hooke, en el que se ven los pelos urticantes de una ortiga.

El microscopio de Hooke le permitió descubrir por qué pican las ortigas. Pudo observar que el veneno pasaba de los pelos huecos de la ortiga a su dedo.

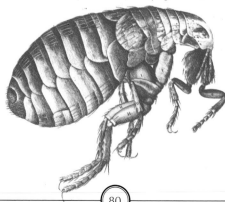

El microscopio de Hooke

Hooke hizo estos dibujos mientras miraba por un microscopio como el que tienes arriba. Tenía tres lentes de cristal para aumentar los objetos, que se iluminaban con una lámpara de aceite. La luz se concentraba en un punto mediante una esfera llena de agua como la que hay en la página 79.

Acuascopio

Fabrícate tu propio microscopio antiguo. Entonces se utilizaban lentes de cristal, pero ahora puedes utilizar una gota de agua como lente. Te hará falta una chincheta, un lápiz, un trozo de cartón, una lámina de plástico transparente y un poco de arcilla.

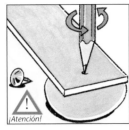

¡Atención!

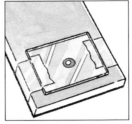

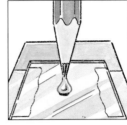

1. Pon el cartón sobre la arcilla. Hazle un agujero con la chincheta y agrándalo un poco con el lápiz.

2. Quita la arcilla y coloca encima del agujero la lámina de plástico. Pégala con cinta adhesiva.

3. Moja la punta de un lápiz en un vaso de agua y deja caer una gotita sobre el agujero.

4. Acerca tu acuascopio a esta página. Verás como las letras resultan mucho más grandes.

Imágenes borrosas

Las lentes de los primeros microscopios eran de un cristal de peor calidad que el actual. Muchas veces las imágenes se veían deformadas y con una especie de anillo borroso alrededor.

Una precisión increíble

Pese a estos problemas, los dibujos que vemos en estas páginas demuestran que las primeras observaciones fueron increíblemente precisas. Pero hay excepciones: compara este dibujo de un espermatozoide con la imagen de la página 31, tomada con un microscopio electrónico.

Este dibujo es obra de un fabricante de microscopios holandés llamado Nicolaas Hartsoeker, quien estaba convencido de que los espermatozoides contenían bebés diminutos.

Un espermatozoide según Hartsoeker

Material primitivo

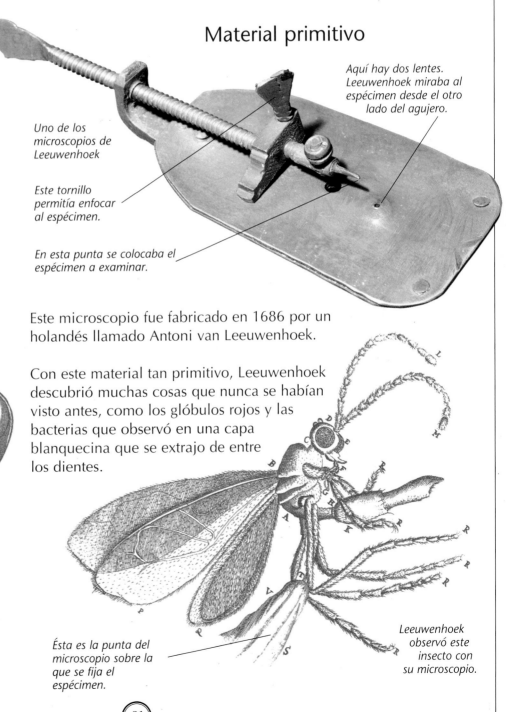

Aquí hay dos lentes. Leeuwenhoek miraba al espécimen desde el otro lado del agujero.

Uno de los microscopios de Leeuwenhoek

Este tornillo permitía enfocar al espécimen.

En esta punta se colocaba el espécimen a examinar.

Este microscopio fue fabricado en 1686 por un holandés llamado Antoni van Leeuwenhoek.

Con este material tan primitivo, Leeuwenhoek descubrió muchas cosas que nunca se habían visto antes, como los glóbulos rojos y las bacterias que observó en una capa blanquecina que se extrajo de entre los dientes.

Ésta es la punta del microscopio sobre la que se fija el espécimen.

Leeuwenhoek observó este insecto con su microscopio.

GUERRA A LOS GÉRMENES

Louis Pasteur probó la conexión entre germen y enfermedad con un microscopio.

Las lentes de los primeros microscopios eran de baja calidad y sólo obtenían unos 200 aumentos. En el siglo XIX se alcanzaron los 2.000 aumentos. La invención del microscopio electrónico en los años treinta hizo posible el millón de aumentos.

Nuevas perspectivas

A principios del siglo XIX, científicos como Joseph Lister introdujeron mejoras en los microscopios. Puedes verlo abajo, posando junto a uno de sus instrumentos.

En 1830, Lister fabricó unas lentes que permitían ver una imagen mucho más clara de los objetos. Estas lentes permitieron ver objetos con un aumento mucho mayor que los microscopios primitivos.

En esta caricatura de 1827, una dama observa horrorizada los gérmenes que contiene el agua del río Támesis, en Londres, Inglaterra.

Joseph Lister mejoró mucho las lentes para microscopios.

Conexión letal

A principios del siglo XIX, mucha gente empezó a darse cuenta de que realmente existía una relación entre los gérmenes y las enfermedades. La caricatura que ves arriba demuestra que la gente empezaba a ser consciente de las enfermedades que podía causar el agua contaminada.

El microscopio de Joseph Lister permitió por fin a los científicos demostrar la verdad.

Louis Pasteur

Louis Pasteur, un científico francés del siglo XIX, utilizó un microscopio para demostrar un hecho que muchos científicos sospechaban desde hacía tiempo: que los gérmenes transmitían enfermedades de unos seres vivos a otros.

Leche agria

Pasteur se valió también de su microscopio para descubrir por qué se agrian la leche, la cerveza o el vino. Observó que estos líquidos contenían ciertas bacterias diminutas que se multiplicaban y causaban su fermentación.

Pasteur utilizó un microscopio para averiguar por qué se agrian la leche, la cerveza o el vino.

La pasteurización

El científico francés descubrió que si se calentaban estos líquidos cuidadosamente, se eliminaban muchas bacterias y se mantenían frescos durante más tiempo. Este proceso se llama pasteurización.

Un microscopio electrónico antiguo. Éste se construyó en la década de los cincuenta.

Con electrones

En la década de los treinta se inventó el microscopio electrónico. Mientras que los microscopios ópticos utilizan la luz para examinar objetos, los electrónicos utilizan unas partículas diminutas de los átomos llamadas electrones (página 9).

Aún más pequeño

El microscopio electrónico abrió las puertas de un mundo nuevo para la ciencia, porque permitió estudiar los objetos más pequeños del planeta, como los virus y los átomos. Observa a la derecha algunas de las primeras representaciones de los virus, que datan de los años cincuenta y resultan imposibles de ver con un microscopio óptico.

Este virus provoca el resfriado.

Este virus ataca a las bacterias.

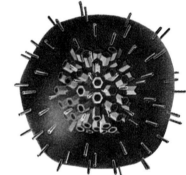

Este virus provoca una enfermedad llamada viruela.

LOS MICROSCOPIOS DE HOY

Las técnicas para ver las cosas más diminutas han avanzado enormemente en el siglo XX.

A principios del siglo XX, los científicos utilizaban un tipo básico de microscopio (el óptico). Aunque eran ya mucho mejores que los primitivos, funcionaban según el mismo principio que los primeros microscopios inventados a finales del siglo XVI.

Puestos a escoger...

Los microscopios ópticos siguen siendo muy útiles, pero hoy en día los científicos disponen de más de 40 tipos de microscopios para elegir, que funcionan de formas muy distintas.

Imágenes atómicas

Uno de ellos, el microscopio de efecto túnel, es tan potente que puede ofrecer la imagen de un átomo individual.

Se trata de un microscopio controlado por ordenador que dirige una punta muy fina lo más cerca posible de la superficie a estudiar. Se registra el más mínimo cambio en los campos eléctricos entre la punta y la superficie, y con estas mediciones se reproduce el contorno de la imagen.

En las páginas 76-77 puedes ver ejemplos de átomos y de este tipo de punta.

Imagen y sonido

Existe otro tipo de microscopio, el microscopio acústico, que utiliza ondas sonoras para "ver" a través de materiales sólidos, como los metales. Puede enfocar un área de una fracción de milímetro.

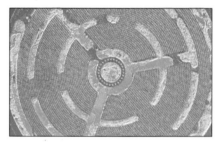

Esta imagen de la cabeza de un tornillo está tomada con ondas sonoras.

Arriba tienes una imagen producida con un microscopio acústico, que muestra uno de los tornillos de un reactor nuclear.

Otros microscopios modernos emplean rayos X, fuerzas magnéticas y hasta diferencias de temperatura para crear una imagen aumentada del objeto sometido a estudio.

En pantalla

La mayoría de microscopios modernos muestran el objeto de estudio en una pantalla de ordenador. Esta imagen se puede alterar para verla más clara. Por ejemplo, muchas de las fotos de este libro son imágenes computerizadas que se han coloreado para que sean más fáciles de interpretar.

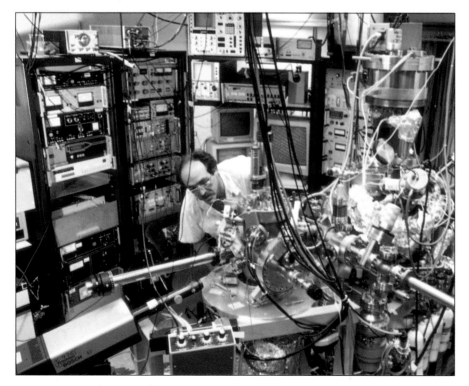

Un microscopio de efecto túnel. El objeto se coloca dentro del cilindro que ves a la derecha, y puede verse a través de las pantallas de ordenador que hay al fondo.

ASPECTOS PRÁCTICOS

¿QUÉ MICROSCOPIO?

Si te gusta explorar el mundo microscópico, quizá decidas comprarte un microscopio. Todos los que ves en estas páginas son ópticos y funcionan como el que hay en la página 8. Hay muchos modelos para elegir.

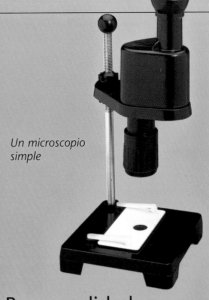

Un microscopio simple

Qué comprar

Si eres principiante, no necesitas un microscopio muy caro. Es mejor comprar un modelo básico de buena calidad al que más tarde puedas añadir accesorios, como oculares distintos y objetivos de mayor potencia.

Mejor resultado

Un microscopio de baja potencia que sea de buena calidad te dará un resultado mucho mejor que un microscopio barato que sea de 600 o incluso de 1.000 aumentos. En los modelos más baratos, la baja calidad de las lentes y del mecanismo suelen ofrecer una imagen distorsionada o borrosa.

Dónde comprarlo

Puedes adquirir un microscopio nuevo o de segunda mano. Mira los anuncios de alguna revista de ciencias o de naturaleza y, si quieres un consejo, pregunta a tu profesor de ciencias, o infórmate en alguna asociación, tienda o proveedor*.

Para averiguar dónde está tu proveedor local, busca "microscopios" en las páginas amarillas de tu ciudad.

Un microscopio óptico estándar

También puedes probar a buscar "microscopio+ accesorios" en Internet. Si es posible, prueba el microscopio antes de comprarlo.

Buena calidad

El modelo de arriba se llama microscopio simple. Es bastante barato y ofrece una imagen de buena calidad a baja potencia. Viene con una pequeña lámpara para iluminar objetos por arriba o por abajo. Su fácil manejo lo hace muy recomendable para un principiante.

Distintos aumentos

Otra opción es un microscopio óptico estándar como el de la izquierda. Tiene tres objetivos, con lo que te permite ver los objetos con distintos aumentos.

Ilumina desde abajo

En la base del microscopio hay un espejo regulable que sirve para reflejar la luz de una lámpara sobre el objeto. También existen microscopios con lámpara incorporada para iluminar los objetos directamente, pero es probable que éstos últimos sean más caros.

*Lista de direcciones en la página 95.

Visión en estéreo

El estereomicroscopio que ves abajo no es más que una pareja de microscopios con un ocular para cada ojo.

Con un estereomicroscopio, esta muestra de musgo se ve en tres dimensiones.

Te permite ver el objeto en tres dimensiones porque cada ojo tiene una perspectiva un tanto diferente.

Aunque es de pocos aumentos (entre 10 y 35), las imágenes que ofrece son espectaculares. Este tipo de microscopio es ideal para observar ejemplares enteros, como insectos, hojas, flores, tejidos, plumas, monedas o papel de lija.

Portátil

Los microscopios de bolsillo como el de la derecha no abultan nada y son muy ligeros, por lo que puedes llevártelos por ahí. Este modelo es de 80-200 aumentos, y lleva una pequeña lámpara para poder iluminar las muestras.

Accesorios

Algunos microscopios ópticos disponen de varios oculares y objetivos para elegir, cada uno con diferentes aumentos. Asegúrate de que compras accesorios apropiados para el modelo que tengas.

x40   x10   x4   x100

Todos estos objetivos pueden acoplarse al mismo microscopio.

Microscopio de bolsillo

Cuida tu microscopio

Si quieres obtener los mejores resultados de tu microscopio, tendrás que mantenerlo en buen estado.

Las marcas de polvo y de grasa en las lentes hacen que las imágenes se vean borrosas. Ten mucho cuidado al limpiarlas, porque las partículas de polvo pueden rayar la superficie de la lente. Puedes proteger tu microscopio de varias maneras.

1. Elimina el polvo y la grasa frotando suavemente la lente con una toallita limpialentes o un cepillo suave, que podrás encontrar en ópticas y en tiendas de fotografía. Muchas tiendas venden perillas de aire, que limpian la lente.

Aprieta la perilla para soplar la lente.

Perilla de aire

2. Deja siempre un ocular acoplado al final del tubo, para que no caiga polvo dentro del microscopio y sobre los objetivos.

Ocular

3. Siempre que no estés utilizándolo, cúbrelo con una funda.

Funda

MATERIAL

Aquí tienes una lista de material que te será muy útil para usar tu microscopio. Algunos artículos pueden comprarse en farmacias o incluso en ferreterías. En cuanto al resto, consulta en tiendas especializadas o a proveedores de material para microscopía (página 95).

① Jarra graduada

② Tarro de cristal con tapa agujereada, para guardar agua dulce o salada. Los agujeros de la tapa dejan que entre aire para que se conserven los organismos que contenga.

③ Tarros con tapadera de distintos tamaños para guardar objetos.

④ Toallitas limpialentes y una perilla de aire para limpiar las lentes.

⑤ Cubreobjetos, para evitar que las muestras se sequen. Ten cuidado, porque son muy finos y se rompen muy fácilmente.

⑥ Portaobjetos con anillo y ⑦ portaobjetos con cavidades, para examinar muestras en gotas de agua. Los portaobjetos con anillo pueden comprarse, pero también puedes hacerte uno trazando un círculo con pegamento en un portaobjetos para que no se desparrame el agua.

⑧ Portaobjetos, que sirven para la mayoría de las muestras.

⑨ Micrómetro y ⑩ cuadrícula del ocular para ayudarte a medir los especímenes.

⑪ Tintes (página 91).

⑫ Vidrios de reloj o recipientes de plástico transparente para preparaciones.

⑬ Placa Petri desechable.

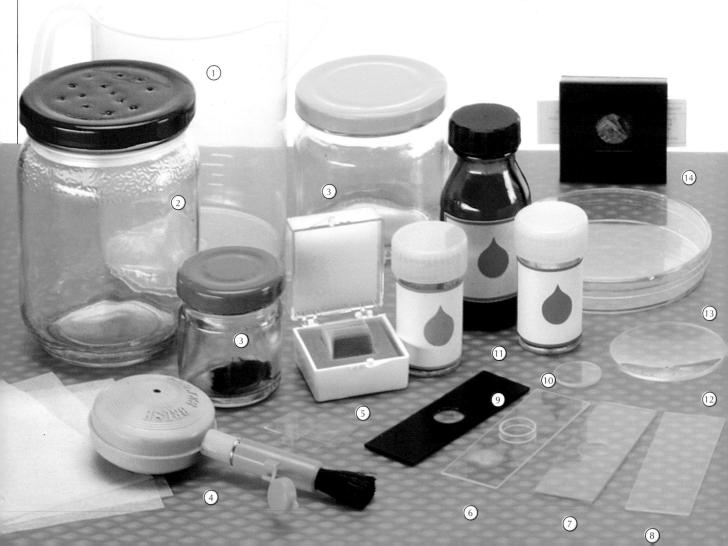

⑭ Polarspex. Una manera barata y efectiva de generar luz polarizada, que consiste en dos capas de material polarizante en un soporte de cartón. Inserta la muestra entre las dos capas y podrás ver los colores polarizados.

⑮ Bisturí, cuchillo de cocina y tabla de plástico para cortar. Ten siempre mucho cuidado con los instrumentos afilados.

⑯ Agujas especiales para colocar insectos sobre portaobjetos.

⑰ Pinzas. Resulta muy útil tener unas de punta fina y otras de punta redondeada.

⑱ Cuentagotas y varilla de vidrio, para poner líquidos sobre portaobjetos o placas Petri.

⑲ Papel para notas o libreta.

⑳ Bastoncillos de algodón.

㉑ Etiquetas adhesivas para los portaobjetos o las placas Petri.

㉒ Guantes de plástico desechables.

㉓ Papel absorbente, que puede ser papel secante o de otro tipo.

㉔ Cinta adhesiva, tijeras, un pincel fino, lápiz y bolígrafo

㉕ Líquido desinfectante para limpiar portaobjetos y demás material.

㉖ Lámpara regulable.

TÉCNICAS AVANZADAS

La mayoría de los experimentos que hay en el libro son bastante fáciles de hacer. En estas páginas aprenderás algunas técnicas más complejas. Necesitarás algo más de material, que podrás comprar en una tienda de material para microscopios (página 95).

No te cortes

La mejor manera de realizar cortes, llamados secciones, de un objeto que quieras observar, es con un instrumento llamado micrótomo. Los más sencillos son manuales y resultan ideales para cortar tallos y hojas de plantas.

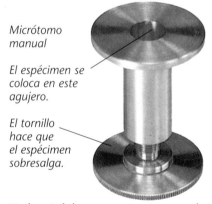

Micrótomo manual

El espécimen se coloca en este agujero.

El tornillo hace que el espécimen sobresalga.

Te hará falta: un micrótomo de mano y una cuchilla; un tallo de planta de 2 cm (el de un tulipán); una zanahoria; un plato hondo con agua; un pincel fino.

> ¡ATENCIÓN! Las cuchillas de micrótomo están muy afiladas. Ten siempre mucho cuidado al cortar secciones.

Cómo usar un micrótomo

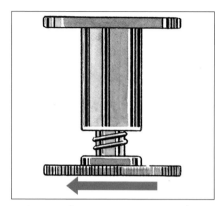

1. Sostén el micrótomo en una mano y haz girar el tornillo hasta el final.

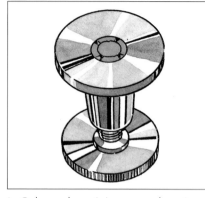

2. Coloca el espécimen en el agujero. Si resulta pequeño, pon alrededor tiras de zanahoria para sujetarlo.

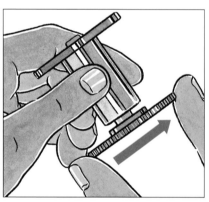

3. Gira poco a poco el tornillo en sentido contrario, hasta que el espécimen salga por el agujero.

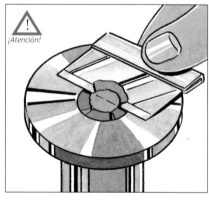

4. Con mucho cuidado, corta algunas secciones. El grosor dependerá de cuánto gires el tornillo.

5. Con el pincel, empuja las secciones desde la cuchilla al recipiente con agua para que se mantengan húmedas.

Luz coloreada

Resulta más fácil observar muestras con luz coloreada. Puedes hacer filtros con papel de celofán, de venta en las papelerías.

Sostén el celofán bajo el objetivo, o bien córtalo con la forma del espejo y acóplalo. Si los mezclas puedes conseguir distintos colores.

¿Qué tinte utilizo?

Para ver las muestras de células con más detalle, puedes añadir distintos tipos de tintes (en las páginas 41 y 43 tienes dos técnicas de tinción). El colorante alimentario hace que la muestra parezca de un solo color. Otros tintes sólo colorean ciertas partes de las células. Los dos tintes siguientes son muy fáciles de conseguir:

El yodo puede comprarse como "tintura de yodo" en la farmacia. Hace que el núcleo se vea marrón y el citoplasma amarillo. El yodo tinta las partes de las células que almacenan azúcares, haciendo que se vuelvan de color azul oscuro en las de las plantas, y rojo en las de los animales.

El ácido carmínico es un colorante alimentario que se puede encontrar en el supermercado. Contiene un tinte rosado llamado carmín, que hace que el núcleo se vea algo más oscuro que el citoplasma.

Preparación gelatinosa

Si quieres que tus muestras duren más que en las preparaciones húmedas o temporales, usa el siguiente método. Se trata de una preparación semi-permanente.

Te hará falta gelatina y glicerina, que encontrarás en las farmacias. También un poco de goma arábiga y esmalte, que podrás comprar en una tienda de arte o de modelismo.

Cómo hacer una preparación semi-permantente

1. En un tarro, mezcla un saquito de gelatina en polvo con cinco cucharaditas de agua y cinco de glicerina.

¡Atención!

2. Coloca el tarro en un cuenco más grande con agua caliente y espera a que la gelatina se disuelva en el agua y la glicerina.

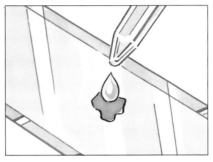

3. Coloca una muestra en un portaobjetos. Con un cuentagotas, échale cuatro gotas de la mezcla de gelatina, aún tibia.

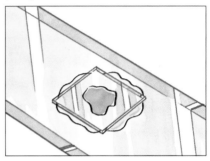

4. Ponle encima un cubreobjetos y deja que la gelatina se solidifique un poco. Intenta que no queden burbujas de aire.

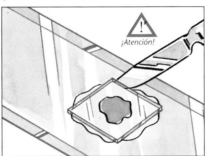

¡Atención!

5. Con un bisturí o un cuchillo afilado, retira la gelatina que sobresale.

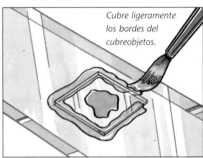

Cubre ligeramente los bordes del cubreobjetos.

6. Con un pincel, pon una capa de goma arábiga alrededor del cubreobjetos. Deja que se seque.

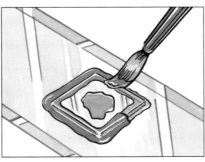

7. Dale dos capas de esmalte sobre la goma arábiga, cubriendo ligeramente los bordes, como en el dibujo. Deja que se seque la pintura entre capa y capa.

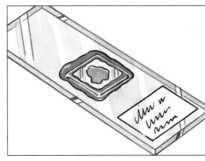

8. Pon una etiqueta adhesiva con información sobre la muestra (dónde la recogiste, qué tinte has utilizado...) y la fecha.

GLOSARIO

En este glosario encontrarás algunos de los términos básicos del mundo de la microscopía. Las palabras en *cursiva* que aparecen en las definiciones tienen una entrada independiente en el glosario.

aberración cromática Problema de algunas *lentes* que hace aparecer una especie de arco iris borroso en los extremos de la imagen.

ADN Sustancia química compleja, denominada Ácido Desoxirribonucleico, de la que están formados los *cromosomas* y los *genes*.

aleación Mezcla de dos o más metales. También se llama así a la mezcla de metales y no metales.

antenas Sensores que tienen los insectos en la cabeza para detectar vibraciones, olores y texturas.

antibiótico Un tipo de medicamento que destruye las *bacterias*.

anticuerpos Sustancia química fabricada por los glóbulos blancos que sirve para combatir a los *gérmenes* que causan enfermedades.

átomo La parte más pequeña de una materia que conserva sus características y es reconocible como tal. Todas las cosas están compuestas por átomos.

aumentar Hacer que algo parezca más grande de lo que es en realidad.

aumentos Las veces que un *objeto* parece ser más grande de lo que en realidad es. Por ejemplo, 200 aumentos hacen que un objeto parezca ser 200 veces más grande.

bacterias *Organismos* microscópicos que viven a tu alrededor y dentro de tu cuerpo. Muchas son inofensivas o incluso beneficiosas, pero otras son nocivas.

campo de visión El área visible bajo un microscopio.

cáncer Enfermedad provocada por *células* defectuosas que siguen creciendo y dividiéndose más de lo debido. Estas células forman un tumor, capaz de destruir las células sanas que tiene alrededor.

célula La unidad autónoma más pequeña de una planta o un animal (autónoma quiere decir que puede fabricar su propia comida y reproducirse sin ayuda de otras células).

cepas resistentes Tipos de *bacterias* que se acostumbran a la mayoría de los *antibióticos*, y ya no les causan efecto alguno.

citoplasma Sustancia gelatinosa que hay dentro de una *célula* vegetal o animal, y que contiene los *orgánulos*.

colonia Grupo de *bacterias* de un mismo tipo.

combustible fósil Un combustible, como el gas o el petróleo, formado a partir de restos de animales y plantas fosilizados.

cristal Una forma regular con caras planas y esquinas puntiagudas.

cromosomas Grupos de filamentos microscópicos que hay en el *núcleo* de la *célula* y que contienen unas unidades diminutas llamadas *genes*.

cuadrícula Pieza de plástico o cristal transparente con líneas marcadas, que se acopla al *ocular*. Se suele utilizar con el *micrómetro* para medir *objetos*.

cubreobjetos Lámina pequeña de cristal que sirve para tapar la *muestra*.

electrón Partícula diminuta de un *átomo*, usada en *microscopios electrónicos*.

enfoque Se dice que una imagen está enfocada cuando se ve claramente.

espécimen Un ejemplar o una *muestra* de algo que quieras mirar al microscopio.

estereomicroscopio Tipo de *microscopio óptico* que te permite ver los *objetos* en tres dimensiones.

fotomicrografía Fotografía de una imagen tomada con un *microscopio óptico* o *electrónico*.

genes Diminutos mensajes químicos que contienen los *cromosomas* y que dan instrucciones a las *células*. De ellos depende, por ejemplo, el color del pelo o de los ojos.

germen Microorganismo (las *bacterias*, *hongos* y *virus*) que causa enfermedades.

hifas Filamentos minúsculos que forman los *hongos*.

hongo Un tipo de *organismo* sin hojas, raíces o flores. Los mohos, los champiñones y las setas son hongos.

iluminación con fondo oscuro Técnica utilizada para mostrar los detalles de un *espécimen* transparente. La única luz que llega hasta el *objetivo* es la que refleja el *objeto*, haciendo que éste se vea brillante sobre fondo oscuro.

lente Pieza de plástico o cristal curvado utilizada para alterar los rayos de luz y hacer que un *objeto* parezca más grande de lo que es.

lente magnética Especie de imanes que contiene un *microscopio electrónico* que sirven para formar un haz muy fino de *electrones*.

luz polarizada Las ondas de la luz polarizada vibran en una sola dirección (por ejemplo, arriba-abajo), mientras que las ondas de luz normal vibran en varias direcciones. Los filtros de material polarizante dejan que la luz vibre sólo en una dirección, con lo que la transforman en luz polarizada. Si observas *cristales* con luz polarizada, verás muchos colores.

microbios *Organismos* microscópicos, como las *bacterias*, los mohos o los *virus*.

microchip Pequeña pieza de silicona que contiene miles de circuitos electrónicos, usada por ejemplo en ordenadores. A veces se le llama simplemente chip.

microcirugía Cirugía practicada en partes delicadas del cuerpo humano, para la que se utiliza instrumental quirúrgico en miniatura.

microfósiles Restos de algas y animales acuáticos microscópicos que vivieron hace millones de años y se han petrificado.

micrómetro *Portaobjetos* de plástico o cristal con una escala numerada. Se coloca sobre la *platina* y sirve para medir *objetos* junto con la *cuadrícula*.

microscopio binocular Un tipo de *microscopio óptico* que permite ver la imagen con los dos ojos, y por lo tanto resulta más cómodo de usar.

microscopio de luz polarizada Un tipo de microscopio que utiliza *luz polarizada*. Se suele emplear para observar *cristales*, plásticos y metales para, por ejemplo, detectar defectos.

microscopio electrónico Un tipo de microscopio que utiliza *electrones* para generar una imagen aumentada de un *objeto*.

microscopio multiocular Un microscopio con dos o más oculares, para que más de una persona pueda mirar a la vez.

microscopio óptico Microscopio que utiliza *lentes* de cristal para hacer que los *objetos* parezcan más grandes.

micrótomo Instrumento utilizado para cortar secciones finísimas de un *espécimen*.

minerales Sustancias naturales que se forman en el interior de la Tierra. Están hechos de sustancias simples llamadas elementos químicos. Algunos minerales, como el oro, están hechos de un solo elemento. Otros, como el cuarzo, contienen dos o más.

molécula La *partícula* más pequeña de una sustancia que puede existir por sí misma. Una molécula suele estar formada por dos o más *átomos* unidos.

muestra Una pequeña cantidad de algo, como agua o sangre. También se usa con el mismo sentido que *objeto* y *espécimen*.

nanotecnología Área de la ciencia que pretende fabricar máquinas diminutas hechas de *átomos* y *moléculas*.

núcleo Parte redonda u ovalada del interior de una *célula* que controla todo lo que ocurre en ésta.

objetivo La primera *lente* de un *microscopio óptico* que aumenta el *objeto*.

objeto Lo que quieres mirar al microscopio.

ocular La parte de un *microscopio óptico* por la que miramos. Contiene una *lente* de aumento.

organismo Ser vivo, sea animal, vegetal, *hongo*, *bacteria* o *virus*.

orgánulos Partes diminutas que contiene una *célula* vegetal o animal.

partícula *Objeto* o parte extremadamente pequeña de una materia.

plancton Conjunto de algas y animales microscópicos que flotan junto a la superficie de lagos y mares y sirven de alimento a muchos animales superiores, como las ballenas.

platina La parte del microscopio donde se coloca el *objeto*. Tiene un agujero en el centro para que la luz pueda iluminarlo desde abajo.

polen Granos muy finos de polvo amarillo que liberan las flores. El polen contiene *células* reproductoras masculinas, necesarias para que crezcan otras plantas.

portaobjetos Lámina de plástico o de cristal donde se coloca la *muestra*.

potencia de aumento Los *aumentos* que puede alcanzar una *lente* en concreto o un microscopio. Puede expresarse así: x20, x40...

profundidad de campo/ enfoque Distancia a la que una *lente* de *aumento* o un microscopio generan una imagen enfocada. Cuanto mayor sea (por ejemplo, en un *estereomicroscopio*), más tridimensional parece la imagen.

refracción Cambio de dirección de los rayos de luz cuando pasan de una materia a otra (por ejemplo, del aire al cristal)

resolución La cantidad de detalle que puede verse en un *objeto* o la imagen *aumentada* de éste.

revólver Parte del *microscopio óptico* donde se acoplan los *objetivos*.

sedimentos Diminutas *partículas* sólidas de barro, roca y restos animales y vegetales que se depositan en el fondo de ríos, lagos y mares.

solución Sólido, líquido o gaseoso que se disuelve en un líquido.

tintes preferenciales Tintes que resaltan algunas de las características de un *espécimen*, pero no todas.

tornillo macrométrico Manecilla que tienen los *microscopios ópticos* para *enfocar* la muestra. (Ver *tornillo micrométrico*).

tornillo micrométrico Manecilla que tienen los *microscopios ópticos* para *enfocar* con mayor precisión. Se encuentra en microscopios potentes. (Ver *tornillo macrométrico*).

tubo La parte del *microscopio óptico* donde se acopla el *ocular* y los *objetivos*.

ultramicrótomo instrumento que se emplea para cortar secciones extremadamente finas de un espécimen para verlas al *microscopio electrónico*. (Ver *micrótomo*).

vacío Espacio que no contiene aire ni ningún otro gas. Por ejemplo, el tubo de un *microscopio electrónico*.

vacuna Medicina utilizada para prevenir enfermedades como el sarampión o las paperas.

virus *Organismo* minúsculo que sólo puede reproducirse dentro de las *células* de otros seres vivos. Muchos virus provocan enfermedades.

ÍNDICE ALFABÉTICO

Direcciones útiles

Aquí tienes una serie de direcciones de interés, entre las que se encuentran varios sitios web relacionados con la microscopía y algunas páginas personales muy interesantes, así como direcciones de proveedores de material.

Microscopios y material

Auxilab
Polígono Morea Norte, 8
31191, Beriain
Navarra
Tel: 948 – 31 05 13
Fax: 948 –31 20 71
E-mail: correo@auxilab.es
http://www.auxilab.es

Bercu Instruments
C/ Fermín Borrás, 27-29
08930, San Adrián del Besós
Barcelona
Tel: 93 – 462 02 20
Fax: 93 – 462 07 95
http://www.bercu-instruments.com

PlastUnivers – Guía del Comprador: accesorios para microscopía.
http://www.app.es/emitec/pc/guies/GR8/lst8.htm

Sisteduc: material de laboratorio y educativo.
http://www.sisteduc.com/

Sitios web de interés

Consejo Superior de Investigaciones Científicas (CSIC): para los más serios.
http://www.csic.es

Instituto de Ciencias del Mar (ICM): para los locos por el mar.
http://www.icm.csic.es

Medical Simulator: información médica – enlaces con facultades de medicina y asociaciones de biomedicina y biología.
http://www.medical-simulator.com/

Páginas personales relacionadas

El microscopio
http://www.ctv.es/USERS/jgcalleja/home.html

Microscopio Virtual
http://personales.mundivia.es/mggalvez/micro1.htm

Científicos en Red
http://www.conicyt.cl/explora/preg-resp/inicio.html

Internet Familia: una página chilena. Visita las áreas de ciencia y naturaleza.
http://www.familia.cl/newweb/

Busca en Internet

En Internet hay una cantidad enorme de información acerca del mundo de la microscopía; todo al alcance de tu ratón. Si quieres navegar por la red buscando información, entra en un motor de búsqueda o un portal español (www.terra.es, www.inicia.es, www.yahoo.es, www.lycos.es son algunos de los más populares) y prueba, por ejemplo, a encontrar información sobre las bacterias. Lo único que tienes que hacer es escribir la palabra "bacteria" en el cuadro de diálogo correspondiente... y viajarás directamente al ciberespacio.

Reconocimientos

Los editores desean agradecer a las siguientes personas y entidades su inestimable ayuda y asesoramiento: DuPont; Histological Equipment Ltd; Harry Kenward, Unidad de Arqueología Medioambiental, Universidad de York; Eric Marson, Northern Biological Supplies Ltd; Philip Harris Education; Alan Pipe y Jane Siddell, Servicio de Arqueología del Museo de Londres; Dr. Rob Scaife, Departamento de Geografía, Universidad de Southampton.

Fotografías:

Clave: a – arriba; c – centro; b – abajo; i – izquierda; d – derecha; Science Photo Library – SPL.

Portada: David Scharf/SPL (portada); Hartmut Noeller, Peter Arnold Inc./SPL (portada y contraportada); National Cancer Institute/SPL (contraportada). 1: David Scharf/SPL. 2-3: Eye of Science/SPL. 4-5: SPL. 6: David Scharf/SPL (b, c); Jan Hinsch/SPL (a). 7: Dr. Kari Lounatmaa/SPL (i); David Scharf/SPL (a); Philippe Plailly/SPL (b). 8: Biophoto Associates/SPL (a); James King-Holmes/SPL (i); Eric Grave/SPL (c); 9: Andrew Syred/SPL (a); Secchi-Lecaque/CNRI/SPL (c); David Scharf/SPL (d). 10: Astrid y Hanns-Frieder Michler/SPL. 11: Andrew Syred/SPL (ad, cd, bd). 12: Astrid y Hanns-Frieder Michler/SPL. (i); David Scharf/SPL (c); Dr. Jeremy Burgess/SPL (a). 13: SPL (i); SPL (ad); Bruce Iverson/SPL (d); 14: Andrew Syred/SPL (i, cd); Dr. Jeremy Burgess/SPL (c). 14-15: SPL. 15: SPL (c, d, a). 16: SPL (i, c). 16-17:SPL. 17: Eye of Science/SPL (c). 18: Jan Hinsch/SPL (i); Servicio de Arqueología del Museo de Londres (a, bd). 19: Dr. Rob Scaife, Departamento de Geografía, Universidad de Southampton (i); Servicio de Arqueología del Museo de Londres (c, b); Unidad de Arqueología Medioambiental, Universidad de York (ad). 20: Dr. Jeremy Burgess/SPL. 21: J.C. Revy/SPL. 22: John Burbidge/SPL (bi); David Scharf/SPL (cd); 22-23: Manfred Kage/SPL. 23: BSIP VEM/SPL (bi); Prof. P.M. Motta/Dept. de Anatomía/Universidad "La Sapienza", Roma/SPL (ad, bd). 24: Prof. P.M. Motta/Dept. de Anatomía/Universidad "La Sapienza", Roma/SPL (i); Eddy Gray/SPL (a); Philippe Plailly/SPL (bd). 25: Carlos Muñoz-Yagüe/Eurelios/SPL (i); Richard Wehr/Custom Medical Stock Photo/SPL (bd); Hossler/Custom Medical Stock Photo/SPL (ad). 26: Biophoto Associates/SPL (i); K.R. Porter/SPL (a). 27: Bruce Iverson/SPL (i); National Cancer Institute/SPL (d). 28: ©Carolina Biological Supply Co./Oxford Scientific Films (i); Profesores P.M. Motta y T. Naguro/SPL (b). 28-29: Profesores P.M. Motta, S. Makabe y T. Naguro/SPL. 29: Profesores P.M. Motta y T. Naguro/SPL (b, d). 30: Profesores P.M. Motta, S. Makabe y T. Naguro/SPL (ai); Profesores P.M. Motta y T. Naguro/SPL (ci); Biophoto Associates/SPL (b). 30-31: Lawrence Berkley Laboratory/SPL. 31: Francis Leroy, Biocosmos/SPL (ad). 32: Alfred Pasieka/SPL (i); BSIP, VEM/SPL (c); A.B. Dowsett/SPL (a); 33: CNRI/SPL (i); Dr. Kari Lounatmaa/SPL (ai); Alfred Pasieka/SPL (d). 34: NIBSC/SPL (b); Dr. Kari Lounatmaa/SPL (a). 35: NIBSC/SPL (c); NIBSC/SPL (b); Richard J. Green/SPL (a). 36: Geoff Tompkinson/SPL (i); Nancy Kedersha/Immunogen/SPL (a). 37: Dr. Kari Lounatmaa/SPL (bi); Biology Media/SPL (bd); Alfred Pasieka/SPL (a). 38: SIO/SPL. 39: David Scharf/SPL. 40: Sidney Moulds/SPL (c); J.C. Revy/SPL (a). 41: Dr. Jeremy Burgess/SPL (i, c); Andrew Syred/SPL (d). 42: ©Dr. B. Booth, GeoScience Features Picture Library (i); Claude Nuridsany y Marie Perennou/SPL (c); J.C. Revy/SPL (bd). 42-43: ©Scott Camazine/George Hudler/Oxford Scientific Films. 43: J.C. Revy/SPL (d). 44: Dr. Jeremy Burgess/SPL (ci); Volker Steger, Peter Arnold Inc./SPL (a); Andrew Syred/SPL (b); David Scharf/SPL (cd). 45: Andrew Syred/SPL (i, b); David Scharf/SPL (c); Dr. Jeremy Burgess/SPL (cd). 46: M.I. Walker/SPL (i); Manfred Kage/SPL (ad); Jan Hinsch/SPL (ai, bd). 47: Sinclair Stammers/SPL (c); Alfred Pasieka/SPL (b). 48: G.F. Gennaro/SPL. 49: Andrew McClenaghan/SPL (i); Dr. Jeremy Burgess/SPL (d). 50: Dr. Jeremy Burgess/SPL (ai); CNRI/SPL (bi); BSIP VEM/SPL (a); A.B. Dowsett/SPL (c). 51: David Scharf/SPL. 52: Manfred Kage/SPL (i); David Scharf/SPL (ad). 53: Dr. Tony Brain/SPL. 54: CNRI/SPL (ai); David Scharf/SPL (ci); ©Manfred Kage/Oxford Scientific Films (bi); Biophoto Associates/SPL (a); J.C. Revy/SPL (bd). 55: ©Kjell B. Sandved/Oxford Scientific Films (bi); Claude Nuridsany y Marie Perennou/SPL (bd). 56: David Scharf/SPL (i); Claude Nuridsany y Marie Perennou/SPL (c); John Walsh/SPL (a); 57: Biophoto Associates/SPL (ai, i2, i3, bi); © Harold Taylor Abipp/Oxford Scientific Films (c); John Burbidge/SPL (bd). 58: David Scharf/SPL (i); K.H. Kjeldsen/SPL (d). 59: Dr. Jeremy Burgess/SPL (bi); David Scharf/SPL (ac, bd); Andrew Syred/SPL (cd). 60: Eye of Science/SPL (b); Profesores P.M. Motta y F.M. Magliocca/SPL (a). 61: K.H. Kjeldsen/SPL (ci); Eye of Science/SPL (ad); K.H. Kjeldsen/SPL (b). 62: Andrew Syred/SPL (i); Manfred Kage/SPL (c); Biophoto Associates/SPL (d); 63: ©Sinclair Stammers/Oxford Scientific Films. 64-65: SPL. 65: Mike McNamee/SPL (ci); Alfred Pasieka/SPL (b). 66: Alfred Pasieka/SPL (c); Dra. Ann Smith/SPL (ai); Dr. Tony Brain/SPL (ad). 67: Dra. Ann Smith/SPL (ai); Philippe Plailly/Eurelios/SPL (c, b); NASA/SPL (d). 68: Andrew Syred/SPL (i); Manfred Kage/SPL (d). 69: Alfred Pasieka/SPL. 70: Michael W. Davidson/SPL (ai); Dr. Clive Kocher/SPL (bi); Sinclair Stammers/SPL (d). 71: John Walsh/SPL (i); Michael W. Davidson/SPL (d). 72: G. Muller, Struers GMBH/SPL (i, cd). 72-73: G. Muller, Struers GMBH/SPL. 73: Manfred Kage/SPL (bi); Astrid y Hanns-Frieder Michler/SPL (d). 74: David Parker/SPL (i); David Scharf/SPL (c, a). 74-75: George Bernard/SPL. 75: Sandia National Laboratories/SPL (i); Foto cortesía de Paul McWhorter, Sandia National Laboratories/SPL (ad); Toyota (GB) Ltd. (cd). 76: David Scharf (a); Peter Menzel/SPL (c); IBM Research Division, Zurich (b). 77: IBM Corporation, Research Division, Almaden Research Center (bi); IBM Research Division, Zurich (ai, ad); Profesor Harold G. Craighead, Cornell University, Nueva York (bd). 78: Julian Baum/SPL. 79: Science Museum/Science and Society Picture Library. 80: Dr. Jeremy Burgess/SPL (i, ac); SPL (bc); Science Museum/Science and Society Picture Library (d). 81: Science Museum/Science and Society Picture Library (ac); Con permiso del Presidente y del Consejo de la Royal Society, Londres (bd). 82: SPL (i); ©The British Museum (c); Jean-Loup Charmet/SPL (d). 83: Custom Medical Stock Photo/SPL (i); D. McMullan/SPL (a). 84: IBM Research Division, Zurich (i); P.Plailly/Eurelios/SPL (d). 85: David Parker/SPL. 86-87: Philip Harris Education. 88-89: Howard Allman. 90: Philip Harris Education.

Se han tomado las medidas oportunas para localizar y reconocer a los titulares de los derechos de autor. Los editores se prestarán a llegar a un acuerdo adecuado con todo titular de derechos de autor que no haya sido posible localizar.